➤ "心法"系列

《心法：稻盛和夫的哲学》定价：26.00 元（平）35.00 元（精）
直面"人为什么而活着"这一根本性的问题，确立做人的最基本哲学，确立正确的人生观。

《心法之贰：燃烧的斗魂》定价：26.00 元（平）35.00 元（精）
能不能实现新的计划、新的目标。关键就在于有没有一颗不屈不挠之心。就是说，无论碰到任何困难都决不屈服、绝不退却的那么一颗心。

《心法之叁：一个想法改变人的一生》定价：39.00 元
记述稻盛和夫的人生经验和思考的心得。无论 21 世纪的人，还是 100 年后的人，都能够以稻盛和夫的人生为借鉴，思考今后的人生。

《心法之肆：提高心性 拓展经营》定价：39.00 元
经营哲学的本质就是"心性"与"经营"两者如何融合的逻辑。本书内容都是从稻盛和夫的丰富的实践中提炼出来的真知灼见。

稻盛和夫

1932 年出生于日本鹿儿岛。毕业于鹿儿岛大学工学部。1959 年创办京都陶瓷株式会社（现在的京瓷公司）。1984 年创办第二电电株式会社（现名 KDDI，是仅次于日本 NTT 的第二大通信公司）。这两家企业都进入过世界 500 强。2010 年出任日本航空株式会社会长，仅仅一年就让破产重建的日航大幅度扭亏为盈，并创造了日航历史上最高的利润。央视专访稻盛和夫多达 7 次，代表作《活法》《京瓷哲学》等。

译者曹岫云：江苏无锡人，稻盛和夫 (北京) 管理顾问有限公司董事长，既是稻盛哲学的践行者，又是稻盛哲学的传播者，著有《稻盛和夫的成功方程式》《稻盛和夫记》《稻盛哲学与阳明心学》，翻译《活法》等多部著作。

➤ 活法系列

《活法》：稻盛和夫的代表作，回答"人如何活着"，即"人生意义和人生应有的状态"，是风靡全球的超级畅销书。马云、季羡林、郎咸平强力推荐，中国的销量超过 370 万册。

《活法贰：成功激情》：第一次系统阐述"成功方程式"，以及个人心性与企业品格的关系。

《活法叁：人生的王道》：遵循稻盛和夫哲学的原则，找到属于自己的王道，在平凡中成就不凡。

《活法肆：开始你的明心之路》：讲述稻盛哲学形成的心路历程。

《活法伍：成功与失败的法则》：阐述了成功与失败的基本逻辑。

《活法：你的梦想一定能实现（青少年版）》：稻盛和夫写给全世界青少年的一本书

扫描二维码
关注活法微信公众号
分享活法 传递稻盛哲学
团购电话：18613361688

扫描二维码
了解"稻盛和夫专题"

［日］稻盛和夫　监修

总统社书籍编辑部　编集

むしりた

利他心

人民东方出版传媒

东方出版社

图书在版编目（CIP）数据

利他心 /（日）稻盛和夫监修；总统社书籍编辑部编，周征文 译. — 北京：东方出版社，2019.6
ISBN 978-7-5207-0916-3

Ⅰ.①利…　Ⅱ.①稻…②总…③周…　Ⅲ.①企业管理—经验—日本—现代
Ⅳ.①F279.313.3

中国版本图书馆CIP数据核字（2019）第052091号

MUSHI, RITA ~ SAIGO TAKAMORI NO OSHIE ~
Copyright© 2017 Kazuo Inamori & PRESIDENT Inc.
Chinese translation rights in simplified characters arranged with PRESIDENT INC.
through Japan UNI Agency, Inc., Tokyo and Hanhe International(HK) Co., Ltd., Beijing

----

本书中文简体字版权由汉和国际（香港）有限公司代理
中文简体字版专有权属东方出版社
著作权合同登记号 图字：01-2019-1057号

利他心
（LI TA XIN）

监　　修：[日] 稻盛和夫
编　　集：总统社书籍编辑部
译　　者：周征文
责任编辑：贺　方
出　　版：东方出版社
发　　行：人民东方出版传媒有限公司
地　　址：北京市朝阳区西坝河北里51号
邮　　编：100028
印　　刷：鑫艺佳利（天津）印刷有限公司
版　　次：2019年6月第1版
印　　次：2019年6月第1次印刷
印　　数：1—30 000册
开　　本：880毫米×1230毫米 1/32
印　　张：6.25
字　　数：94千字
书　　号：ISBN 978-7-5207-0916-3
定　　价：48.00元
发行电话：（010）85924663　85924644　85924641

前　言

　　早在一百五十多年前，本书主人公西乡隆盛就提出了"德高者升官位，功多者厚褒赏"的理念。这句话的意思是，有功之臣可以赏以金钱相回报，但高位只能赐予人格高尚者。

　　在西乡看来，人格是人最为重要的组成因素，所以对领导者的人格素养应该有更为严格的要求。可纵观日本当今的国会议员在大选时抛弃大义和正义、不知所措的丑态，让人更加痛切地感受到西乡所言的正确性。

　　本书有幸邀请到了稻盛和夫先生担任监修，他不仅是《活法叁：人生的王道》（日文名《人生の王道　西郷南洲の教えに学ぶ》，中文版由东方出版社出版发行）一书的作者，而且在接受各大杂志采访时屡次讲述西乡隆盛的事迹。

　　本书浓缩了西乡隆盛这位忠义俊杰的一生。本书由两部分构成，第一部分采用问答的形式，为读者展现稻盛先生眼中的西乡隆盛；第二部分是对于西乡人生轨迹的史实性记述，其内容由我社图书编辑部根据相关资料整理而成。

西乡通过其激荡起伏的一生，为我们揭示了其弥足珍贵的六大思想——①摒除私心；②贯彻正道；③磨砺人格；④谦逊处世；⑤大计大义；⑥存德于胸。关于该六大思想，将会在展现其人生经历的第二部分予以阐述。

一旦了解了西乡的生平，我们就会充分体会到"磨砺自身人格"的重要性，自己也想"以一颗高洁之心结束人生旅途"，因为这原本是每个人心中皆有的善念。但人呱呱落地，其心性犹如原石，唯有依靠后天的磨砺，才能使之成为光辉璀璨的宝石。

稻盛先生作为本书的监修，在接受本社采访时曾说道："希望日本能够涌现出越来越多像西乡这样的崇高之人。哪怕多一个这样的人，都能成为日本发展的巨大动力。"我社全体员工对此深表赞同，希望拥有高洁之心的"璀璨宝石"越来越多，让日本的未来变得更加光明。这也是我社编撰本书的主旨。

President 出版社图书编辑部

2017 年 11 月

目录

利他心

第一部分
稻盛和夫眼中的西乡隆盛

目录

提问八　您在经营企业的过程中，当需要做出判断时，西乡的
　　　　　教诲是否起过作用？　／022

稻盛答　在计划创立第二电电（如今的 KDDI）时，我曾经不
　　　　断自问是否"动机至善，私心了无"。

提问九　您认为怎样才能拥有"无私的精神"呢？　／025

稻盛答　这种精神无法习得，只能靠强烈且持续的念想获得。
　　　　要想获得这种无私的精神，关键在于时常自省，并不
　　　　断在心中劝诫自己"应该变得无私"。

提问十　西乡曾经二度被流放荒岛，并在那样的逆境下获得了
　　　　　成长，可如今的年轻人很难有类似的逆境体验。对他
　　　　　们来说，应该如何磨砺自己的心性呢？　／028

稻盛答　在和平而富足的时代，应该以书本为师。通过阅读，
　　　　明白身为人还有这样的活法、这样的思维方式、这样
　　　　的哲学思想。这点至关重要。

提问十一　您在著书和演讲时，经常使用"努力"一词。那么西
　　　　　　乡又是如何看待"努力"的呢？　／031

第二章

西乡隆盛·从"叛逆者"到幕末的"英雄"（后篇）

从幕末志士、维新元勋到叛徒——俯瞰西乡隆盛大起大落的一生②

第三章

西乡隆盛·从"维新英雄"到"叛变之徒"

从幕末志士、维新元勋到叛徒——俯瞰西乡隆盛大起大落的一生③

最终章

西乡隆盛的精神火炬

明治维新 150 周年与西乡逝世 140 周年的意义

第一部分

稻盛和夫眼中的西乡隆盛

提问一

您自幼便对西乡隆盛这位伟人心怀

敬仰吗？

稻盛答 西乡的教诲对我可谓"润物细无声"。

在我那个年代，只要是出生在鹿儿岛的孩子，自然就会接触到西乡隆盛的教诲。我开始读小学时，老师时不时就会讲到西乡。此外，在乡中教育（萨摩藩的传统教育。"乡中"曾经是萨摩藩面向武士阶级子弟的教育组织。——译者注），也曾学习到相关知识。

换言之，不管是上小学还是接受乡中教育，我经常都会听到西乡的故事，因此我自幼便对西乡抱有敬意，认为他是鹿儿岛出生的伟人。

除此之外，还有什么其他教育对您的幼年时代产生了影响？

稻盛答 "隐蔽念佛"让我懂得了"感谢之心"的重要性。

　　记得四五岁时，父亲带我去参加过"隐蔽念佛"。对我而言，这是与佛法的初次邂逅。

　　在我小时候，人们依然保留着"隐蔽念佛"的习俗。所谓"隐蔽念佛"，即正座在僧人后面聆听诵经。幼时的我曾参加过这一活动。僧人诵经完毕后，我便上香，接着僧人对我说道："今后，你在拜佛时要念诵'南无，南无，谢谢'。"

　　那位僧人是想让我每天都不要忘记对佛陀表达谢意。这样的教诲让我更加意识到"感谢之心"的重要性。

西乡生于萨摩藩，您能介绍一下当地的特色民风吗？

稻盛答 当地有崇拜"士魂（武士之魂）"的风俗。其最具代表性的活动是"妙圆寺参拜"，年轻时的西乡隆盛和大久保利通都曾参加过。

鹿儿岛自古就有崇拜武士精神（又称"士魂"）的传统。"妙圆寺参拜"是其最具代表性的活动，在每年10月份的第四个星期举行。

该活动源于1600年（庆长五年）关原之战中岛津义弘军的全力突围。众所周知，在这场大战中，石田三成率领的西军被德川家康的东军打败。

见大势已去，大部分西军士兵开始向后方撤退。但其中的岛津军不甘如此狼狈败走，于是选择从位于东军正面的伊势街道撤军。这等于是从前方敌军中间杀出一条血路。

岛津军以岛津丰久为头阵，山田有荣为右分队，义弘坐镇指挥的阵仗开展突围。在与东军正面突击时，士兵们扔掉靠旗和合印（靠旗：日文写作"旗指物"，是指士兵背上插着的小旗。合印是指作战时为了区分敌我而佩戴于盔甲、马具等上的图印。——译者注），可谓抱着必死的决心。

经过一番苦战，岛津军总算从敌军中间成功突围，然后途经关原和津，向着伊势一路进发。随后又在伊势借渔翁的船只之便，回到了萨摩领地鹿儿岛。这支终于从沙场归乡的岛津军，据说当时路过鹿儿岛县日置市的伊集院町。

"妙圆寺参拜"便是为了纪念该壮举。按照古时传统，参拜者须身披甲胄，徒步往返40公里。我小时候参加时，先是深夜行至伊集院的妙圆寺参拜，然后天亮前返回鹿儿岛。小学时我一共参加过两次。

这种传统活动持续至今。仅凭这点，也能感受到鹿儿岛当地与众不同的民风。

"妙圆寺参拜"、"曾我兄弟烧伞节"与《赤穗义臣传》读书会"并称鹿儿岛三大传统乡中教育纪念活动。在您看来，通过这样的活动，萨摩武士们能教给我们什么道理呢？

稻盛答 赤诚之心的可贵。

　　鹿儿岛之所以每年举办"妙圆寺参拜"、"曾我兄弟烧伞节"（该活动源于曾我十郎和曾我五郎为父亲讨伐仇人的故事，当时两兄弟用父亲曾经用过的油纸伞代替火把照明，成功夜袭，为父亲复仇。——译者注）与"《赤穗义臣传》读书会"（赤穗义士事件发生于1701年，当时的赤穗藩主浅野奉命接待天皇使者，由于不熟悉朝廷礼仪，就被熟悉礼仪的吉良嘲弄，使其丑态百出。浅野一怒之下用刀伤了吉良，于是被幕府将军治罪，命其切腹。而浅野麾下的四十七名赤穗浪士则为主人报仇，最终砍下了吉良的首级。——译者注）这三大传统乡中教育活动，其主旨在于让人们懂得"勇气与赤诚之心的可贵"。我认为赤诚之心尤为重要。人的一举一动，都应做到"真心不伪"。

鹿儿岛方言中有没有能够彰显萨摩
武士气概的言语？

稻盛答 我认为是"勿要再议"。这句话源于萨摩武士的气概，是典型的鹿儿岛方言。

鹿儿岛方言里有句话叫"勿要再议"。我认为它很能彰显萨摩武士的气概。

当有人牢骚不满、废话连篇，或者浪费粮食还胡搅蛮缠时，鹿儿岛人会大喝一声"勿要再议"，然后对方就会哑口无言。

当想让对方明白"我不想再听你唠叨"或者"不要再纠结这个话题"时，简短而霸气的一句"勿要再议"可谓立竿见影。

西乡的思想是否受到了萨摩藩自古

以来的"乡中教育"的影响？

稻盛答 西乡认为："才识固然重要，但赤诚之心更为珍贵。"我觉得这种思维方式深受乡中教育的影响。

西乡在世时非常讨厌只知玩弄计策的狡黠之人。通过努力习得知识、磨炼能力，这固然不是坏事，但倘若仅有学识才干而缺乏赤诚之心，便仍然无法成事。西乡教导我们，才识的确重要，但赤诚之心更为珍贵。

提问七

回想"乡中教育"，有没有让您至今
印象深刻的内容？

稻盛答　在接受"乡中教育"时，我系统学习了西乡隆盛的人格魅力、伟大功绩及思想教诲。它们直接影响了我的思维方式。

我就读的小学叫鹿儿岛市立西田小学，学校附近有间名为"自疆学舍"的"乡中教育道场"。当时放学后，学生们都会在那里集合，接受乡中教育。道场的入口处有西乡的肖像画和三句箴言。箴言分别是"莫服输""莫妄语""莫欺弱"。

通过系统的学习，我了解了西乡隆盛这位伟人的性格特点和卓越功绩，这对我的思维方式产生了深远影响。

"乡中教育"原本仅面向士族子弟，因此若完全按照传统，像我这种农家子弟是不够资格参加学习的。

在我小时候，鹿儿岛依旧非常封建。在参加旧制中学的入学考试时，我的准考证上仍有"身份"一栏。考生必须在

上面填"士族"或"平民"。我至今清晰地记得，当时看到父亲填了"平民"，我惊讶地问道："咱们家不是士族吗？"

我出生在鹿儿岛市的药师町，那里曾是旧萨摩藩下级武士的住宅区。在我小时候，那里依然住着许多士族之家。我家虽然是农民，但由于父亲年轻时办印刷厂有了财富积累，因此买下了某个士族的房子。

房子的确大而气派。读小学时，我和哥哥会钻进天花板里玩"寻宝游戏"。经过一番探索，我们在满是泥煤灰尘的天花板里找到了一把手杖刀（手杖刀属于暗器，形似手杖，里面藏有刀刃，属于日本刀的一种。——译者注）。手杖是樱木材质，还包有漂亮的皮革。

我和哥哥用磨刀石不断打磨生锈的刀刃，终于磨出了刃锋。然后哥哥说想试试刀，于是把家里养的鸡吊在院子里。他说要斩鸡头，可又害怕，结果只砍掉了鸡冠。

您在经营企业的过程中，当需要做出
判断时，西乡的教诲是否起过作用？

稻盛答 在计划创立第二电电（如今的 **KDDI**）时，我曾经不断自问是否"动机至善，私心了无"。

"百年一遇的机会不可荒废，要为了日本国民把电话费降下来。"

33 年前，也就是 1984 年（昭和五十九年）。当年 6 月，我做了这样一个决定。当时日本正向信息化社会迈进，而政府也改变了垄断的政策，开始鼓励自由竞争。于是，原本属于国企的日本电信电话公社（简称电电公社）进行了民营化改制，日本迎来了电信事业的自由化。面对如此绝佳的机遇，我决定创立第二电电（DDI），也就是之后的 KDDI。

从明治时代以来，日本的电信业便一直被电电公社垄断。因此与欧美各国相比，日本的电话费要贵很多。完成民营化改制后，电电公社改名为 NTT，但依然是业界航母，这使得一开始没人愿意与其竞争。

可假若没有竞争，电话费就降不下来。我当时是个通信业的门外汉，既无知识也无经验，京瓷也只是扎根于京都的一家优秀中型企业，周围人都说我有勇无谋，可我依然决定参与竞争。

"动机至善，私心了无。"

在我真正下定决心前的半年间，我每晚都会自问自答。一次次地确认自己的判断是否藏有私心，是否真正为日本国民着想，是否为了借此机会让京瓷扩张业务。我不断扪心自问。这或许源于西乡"无私思想"的影响。

最终，当能够向自己的良心发誓"心如明镜，了无污浊"时，我下定决心进军电信业。

当时加入竞争的新企业共有三家，而第二电电既无架设网线的渠道，又无通信技术的积累，可谓一无所有。因此也最不被看好。但我们拥有"为了日本国民"的大义，因此员工能够团结一致，我们的事业也不断发展壮大。

后来，一个以 DDI 为核心的电信业联盟形成，旨在团结对抗强大的 NTT，这便是后来的 KDDI。倘若我忘记创业时的初心大志，变得奸猾刁诈，那么 KDDI 早就化为泡影了。

您认为怎样才能拥有"无私的精神"呢？

稻盛答 这种精神无法习得，只能靠强烈且持续的念想获得。要想获得这种无私的精神，关键在于时常自省，并不断在心中劝诫自己"应该变得无私"。

西乡曾说，"玩弄权谋计策之人，最终会败给心念纯粹之人"。这句话成了支撑我的信念。

诚心是领导者应具备的首要特质。在毫无杂念的诚心面前，金钱、地位、权力、策略这些完全不是对手。只有像西乡隆盛那样心境至净、思想崇高，才能成就真正的伟业。

所谓诚心诚意的大志，便是无私精神的体现。因"征韩论"而失势的西乡毅然决定辞官回乡。当时，那些为维新建功而成为明治政府官僚的萨摩年轻士族也纷纷辞官，追随西乡回到了鹿儿岛。

日后，那些年轻士族起兵抵抗，最终爆发了西南战争。而西乡只说了一句"我也参加"，便二话不说地投身沙场。

这完全是无私精神的体现。纵观西乡的一生，可以说他始终贯彻着无私精神。"无我"是他人生态度的关键词。也正因为如此，他才能做到一呼百应。

那么问题来了，如何才能拥有无私的精神呢？这种精神并非靠习得，而必须不断在心中拼命念想"希望变得无私"。满怀欲望、自我中心……这些都源于人的本性。一旦放任不管，欲望便会萌芽，于是利己之心便会占领精神高地，最终与无私南辕北辙。

所以要时常自省，并不断在心中劝诫自己"应该变得无私"。要把"让周围人拥有幸福"作为自己的目标。有的人或许天生拥有圣人君子的情操和特质，但我们大部分人都是凡夫俗子，只能依靠不断持戒与自省。就拿我来说，我一直重视无私、利他的思想，并努力培养这样的意识。

提问十

西乡曾经二度被流放荒岛，并在那样的逆境下获得了成长，可如今的年轻人很难有类似的逆境体验。对他们来说，应该如何磨砺自己的心性呢？

稻盛答 在和平而富足的时代，应该以书本为师。通过阅读，明白身为人还有这样的活法、这样的思维方式、这样的哲学思想。这点至关重要。

战后众多艰苦奋斗的日本人，创造了日本经济腾飞的奇迹。面对战后早期蔓延的贫困，人们由衷地渴望脱贫致富。而其中最具代表性的顶尖人物是松下幸之助先生、本田宗一郎先生以及关西的"流通业革命者"中内功先生。

他们学历平平，与那些超一流大学毕业的高才生有着天壤之别，但却凭借在逆境中永不服输的努力精神，最终成就了自己的事业。他们把所有的遭遇视为命运的必然，凭着百分百的热情和赌上一切的勇气，不断拼命奋斗。

对于生活在现代的我们而言，应该了解他们的人生轨迹、学习他们不屈不挠的精神。正因为这股干劲儿，日本才能从战后的废墟中复兴。作为人，唯有不断学习、不断努力、奋斗一生，其心灵才能获得成长。上述代表人物的逆境体验以及其他无数同时代日本人的逆境体验，才是使日本变得富足的原动力。

但要知道，与松下先生和本田先生相比，西乡隆盛所经历的逆境更多。虽然二度被流放荒岛，他却能做到一心不乱、博览群书、潜心研学。在流放期间，他养成了刚柔并济、坚忍不拔的性格，并形成了独树一帜的深邃思想。

如今的日本已然成为国民幸福、物质富裕的发达国家。所以年轻人即便想体验逆境，也很少能有机会了。

在我这种生在战时、长在战后的日本人看来，逆境是磨炼自我的关键要素。可如今该要素却消失了。纵观日本的历史，这种幸福和平的局面也是前所未有的。

那么问题来了，如今的年轻人该如何磨砺自己的心性呢？在我看来，"以书本为师"是最好的办法。

对于"求不得"逆境的年轻人而言，应该通过阅读，明白身为人还有这样的活法、这样的思维方式、这样的哲学思想。这点至关重要。

提问十一

您在著书和演讲时，经常使用"努力"一词。那么西乡又是如何看待"努力"的呢？

稻盛答 西乡在日常生活中都能做到"时时慎独，毫不懈怠"，是一位一生不断努力的人物。

就拿企业经营来说，有人看到企业家一会儿收购公司，一会儿做出惊天动地的决策，似乎非常潇洒和刺激。可这并非企业经营的全部，企业家绝大部分时间都需要处理烦琐事务、判断各种情况。倘若没有这种看似枯燥无趣的努力积累，便无法成就大事业。

西乡的《南洲翁遗训》中有句话——"志于道者，不贵伟业也"。意思是说，立志走正道的人，是不会执着于成就伟业的。换言之，要想贯彻正道，就不要"行不惊人死不休"，不要"哗众而取宠"。

西乡教导人们，在面对梦想与现实的差距时，一不要心浮气躁，二不要玩弄计策，而应该脚踏实地、循序渐进地向前迈步。要不畏困难、永不退缩。关键在于坚持，让平日看似不起眼的积累起到水滴石穿的效果。

您年轻时，哪段时期是最为努力的呢？

稻盛答 我从鹿儿岛大学毕业后，在京都松风工业工作的那段日子最为努力。如今回想起来，当时真是废寝忘食地投入工作。那段拼命努力的经历，让我的灵魂得到了磨砺。

现在的日本人比我们那时候聪明多了，可他们一旦稍作努力、取得成果后，就容易安于现状、停滞不前。要知道，努力是终生的，必须一辈子不断奋斗。

提到自己的年轻岁月，我自然会想到从鹿儿岛大学毕业后的那段日子。当时我没能进入一流企业，经过一番周折，总算在京都的一家陶瓷制品公司（松风工业）入了职。

在松风工业工作时，我的确做到了努力奋斗和拼搏。

我当时负责精制陶瓷产品的研发工作，从我手中诞生了一件又一件新产品，可如果当时问我这种研发工作的前途在哪里，我是答不上来的。当时的想法很简单，只想拼命完成

眼前的研发任务。

但只要不断拼命努力，哪怕看不到前途，命运依然会为你铺设一条光明大道。我就是在当时那种"前途未卜"的情况下，一心专注于当下的研发工作的。在我看来，这成了自己日后开拓人生之路的基础。

在旁人看来，当时的研发工作或许只是些琐碎且微不足道的内容，但我却全心投入、拼死努力。换作现在的年轻人，可能中途就撒手不干了，而我真心庆幸自己当时没有放弃。

当时和我一起进入松风工业的大学应届毕业生一共有5个人。

其中，一人毕业于京都大学工学部，是九州天草人；另一个毕业于京都工艺纤维大学，是京都本地人。在我入职时，松风工业的经营状况似乎就已经很不乐观。工资经常不能按时发，有时会叫我们"等一个星期"。

京都工艺纤维大学的那位同事由于有门路，不久后就辞了职，剩下我和京都大学毕业的同事。那时候我们一起聊天，时不时说起"真想也辞职"，无奈辞职后无处可去。后来发现自卫队的候补干部学校正在招人，于是我们决定去应考。结果他考取了，于是辞职上学了。

我当时其实也考取了，但由于办理入学手续需要个人户籍证明，于是拜托在老家的哥哥寄给我，没想却被他狠狠训了一顿。

"你好不容易有个工作机会，可做了不到一年就满腹牢骚，居然还想辞职，简直太不像话了！"结果，他就没把户籍证明寄给我。

就这样，因为没法去候补干部学校，我只能老实待在松风工业。我别无出路，唯有面对眼前的研发工作，于是干脆全身心投入其中。

不久后，上司命令我研发用于电子产品的新型绝缘材料，于是我废寝忘食、没日没夜地埋头工作。当时缺乏相关文献，我只能找来一堆诸如 *Ceramic Society* 等欧美学术杂志作参考。

后来，我嫌每天往返于公司和宿舍太麻烦，于是把宿舍里的炭炉和锅搬到研究室。这样吃住都在研究室，研发就不会间断。通过如此日复一日的拼搏，我成了日本第一个成功研发出这种新型陶瓷材料的人。

在那段埋头研发的日子里，我脑子里完全没有想过西乡隆盛，可却完全遵循了西乡的教诲。

第二部分

西乡隆盛的人生轨迹

第一章

西乡隆盛・从『叛逆者』到幕末的『英雄』（前篇）

从幕末志士、维新元勋到叛徒——俯瞰西乡隆盛大起大落的一生㈠

在当今这个时代为何还要提起西乡隆盛？

对日本人而言，"战后"这个词别有余韵，它犹如盛夏光辉灿烂的太阳，让人心中涌起无可替代的自豪感。

从饱受战火蹂躏的废墟中默默站起的日本人，取得了被世界各国称为"奇迹"的经济发展。这使得绝大多数日本人脱贫致富，也使得"战后"一词被赋予了独特的积极意义。

然而，从 20 世纪 70 年代起，这个词所带的光辉日渐褪色。日本人的确在物质上获得了富足，可同时却在不断失去精神上的富足和崇高的思想。直至今日，亦是如此。

纵观世界历史可以发现，像罗马帝国、大英帝国等曾经独霸四方的国家，都曾反复经历昌盛与衰落的轮回。国民的认真努力是国家发展的原动力。同理，国家会由盛转衰，是因为国民自恃富足、骄傲自满。可以说，国家的盛衰与国民心境的高低完全同步。

倘若越来越多的国民丧失心灵美德和崇高思想，国家就会陷入严重危机。鉴于此，我们必须认真思考一个问题：如何让每个日本人重拾美德之心和高尚精神？

在思考这个问题时，我们首先想到的是活跃在江户幕府末期和维新时代的西乡隆盛。面对欧美列强，为了保持日本的独立自主，他英勇无畏、排除万难，展现出了不屈不挠的斗志。

西乡可谓日本的救国功臣之一，他既是幕末的志士，又在戊辰战争和维新运动中展现出了作为政治家的才能。最为重要的是，他的一生都贯彻了美德之心和高尚精神。

为此，我们有必要进一步学习和了解西乡隆盛的活法和思想。通过触及其人生轨迹，重拾美好而高尚的心灵。

每个日本人都重拾美好而高尚的心灵，这才是维持日本长期繁荣的最好办法。作为一个国家，日本当然希望被世界各国所尊敬和信赖，但这种尊敬和信赖不应该源于经济发达的硬实力，而应该源于国民素质的软实力。唯有如此，日本才能保持长久繁荣。

俸禄四十七石的萨摩藩下级武士 与"泥腿子"一般的郡方书役

1827年（文政十年）12月7日，西乡隆盛生于萨摩的下加治屋町。从出生到后来城山自决的49年间，他的人生可谓历经艰险、波澜壮阔、热情激荡。

在我们当代人看来，西乡可谓英年早逝，但和同时代的幕末和维新志士相比，他已经算享年较长的了。

以幕末的代表志士为例，小松带刀享年34岁，坂本龙马享年31岁，高杉晋作享年27岁，吉田松阴享年29岁。他们之中，有的因积劳成疾而死，有的因幕府处决而死，有的被暗杀致死……可见那是一个多么动荡的年代。

而纵观第二代志士，伊藤博文享年68岁，井上馨享年79岁，西乡从道和黑田清隆享年59岁，大隈重信和山县有朋享年83岁。换言之，除去西乡从道和黑田清隆这两位萨摩出身的志士，其他第二代志士都算是长寿。

接下来，让我们回顾西乡隆盛所度过的 49 个春秋。第 1 章和第 2 章将介绍西乡排除万难、团结各藩、最终实现讨幕的历程。

西乡虽生于武士家庭，但当时的武士其实存在诸多等级，从上至下依次为御一门家、一所持、一所持格、寄合、寄合并、小番、新番、御小姓组、与力和足轻。而西乡家是御小姓组，属于下级武士阶级。

据说西乡家当时的俸禄为四十七石，但藩主并不直接给予粮食，而只是赐予预计收成为四十七石的田地而已。换言之，西乡家必须自食其力、耕种粮田，且真正到手的粮食只有十六石左右。这与日本古装历史剧中经常登场的八丁堀同心（江户幕府的下级武士）的收入接近。

可在西乡隆盛继承家督之位前，西乡家由于债务而失去了田地，虽然曾以二百两的价格赎回田地，后来却又再次失去。等到西乡隆盛当上家督时，手上已经没有了田地。担任差役的补贴是其唯一收入来源，仅为四石。

当时的西乡家俸禄微薄却人丁众多，因此虽是武士之家，却几乎陷入极度贫困。兄弟姐妹同睡一条被褥，每逢寒冷的冬夜，互抢棉被是家常便饭。

当时的萨摩藩有一项面向贫困武士家庭子弟的俸给制度。只要是满十七八岁，并擅长书算（书法和算术）的藩内武士子弟，就能在藩内的各衙门机构担任差役。幸于此，西乡好歹有了些许收入。

明治维新后，西乡的一手好字声名远扬。他不但精通书法，且擅长珠算、技湛手巧。这与其高大粗犷的外表反差很大。

18 岁那年，西乡被任命为辅佐郡奉行（奉行是官名，相当于衙门长官。——译者注）的郡方书役，该职位类似于如今的书记文员，属于底层差役。其间，西乡曾为数名奉行工作过，而他辅佐的首位奉行（迫田利济）对他的影响最大。迫田利济不但才学卓著，且气骨铮铮，是位正义之士。

西乡亦是如此，他从小富有正义感，且性格笃实、重情义。由于工作需要，他当时经常巡视百姓人家。由于不忍目睹百姓贫苦辛劳的生活现状，他竟然把自己微薄的俸禄分给他们。对西乡家而言，他的俸禄是维持生计的救命稻草，但面对百姓被贫困压得喘不过气的悲惨情况，西乡实在无法坐视不管。

有这样一个故事，说的是在各地巡视的西乡隆盛有一天投宿在一户百姓家中。夜晚准备如厕时，他撞见家里的男主人正在牛棚里向牛哭诉。

他竖起耳朵偷听，原来男主人为了交纳年贡，打算把自己的牛卖了换钱，可却万分不舍。西乡心生怜悯，于是在充分调查后，向郡方上报了情况，最终说服郡方降低了年贡金额。

或许出于这种性格上的惺惺相惜，西乡十分敬重迫田，迫田也非常器重西乡。西乡那强烈的正义感、贯彻正道的态度、了无私心的境界以及重情重义的特点，都是其性格中的基干。

"《近思录》没落"与西乡隆盛

"《近思录》没落"以及后面会提及的"由良骚动"，都是萨摩藩在幕末时代所发生的派系骚乱，是无法忽略的历史事件。

"《近思录》没落"并非发生在西乡所处的时代，其起于 1808 年（文化五年），止于 1809 年（文化六年），比西乡的出生早了 40 年。

《近思录》一书原为南宋朱熹与吕祖谦编纂，其汇集了朱子思想的全部精髓，被朱子学派视为宝典。而研读此书是萨摩藩的既有传统，一直十分盛行。

当时，萨摩藩的第八代藩主岛津重豪采取"松散放任"的治藩政策，这成了日后派系骚乱的导火索。重豪大兴土木，且不顾藩内的财务状况，建立藩立学校（造士馆）、西学天文台等设施的计划不断出台，可却个个旷日持久、难以完工。对于从江户时代初期便开始陷入慢性财政赤字的萨摩藩而言，这无疑是雪上加霜，债务雪球越滚越大。

但重豪似乎全然不顾如此严峻的财务状况，不但把自己的女儿茂姬许配给德川家齐当正室，还让其他子女和有实力的大名（大名是对较大的封建领主的称呼。——译者注）成亲。通过这种联姻，萨摩藩在幕府及其他各藩中的影响力日益增强，但也伴随着巨额的费用花销，导致其财政压力进一步加大。

之后，重豪的儿子齐宣坐上第九代藩主之位后，便任用家臣秩父季保，着手藩内改革。秩父刚直不阿的性格在藩内广为人知。早在重豪在位时，担任目付（目付是日本室町幕府之后的武士官名。在江户时代，幕府和各藩设有此官职，负责监视旗本及下级武士。——译者注）的秩父由于惹怒了重豪，被关了5年禁闭。其间，他不求助于任何人，而是自己种菜，再拿卖菜换来的钱勉强维持生活。可谓有骨气的武士。

因为"《近思录》派"以秩父为核心，所以担任官府要职的"近思录党"逐渐抬头，开始实行削减经费的紧缩政策。该政策的三大主干是"参勤交代（参勤交代是指江户时代，幕府为保障中央集权，要求各大名按一定期限来江户供职的制度。——译者注）暂停十年""无产出回报的新工程不再上马""通过琉球扩大对外贸易"。

实际上，以琉球为媒介的对清贸易一直是萨摩藩的隐性收入来源，这与江户幕府当时的闭关锁国政策相左。而扩大外贸之举，等于是不把江户幕府放在眼里。前面提到，重豪为了提高自己在幕府中的威望，特意让自己的爱女茂姬嫁给幕府家，因此此举也触犯到了重豪。

而要求将参勤交代暂停十年的计划自然不可能获得幕府的首肯。在重豪看来，这不但毫无意义，且会玷污萨摩藩的名声。这一切的一切，让重豪愈发怒不可遏。

终于，到了1808年（文化五年）7月，趁齐宣前往江户参勤交代时，居住在江户藩邸的重豪突然发难，把属于"近思录党"的藩士逐个流放远岛或软禁。有的人只是因为亲戚属于"近思录党"，也遭受处罚。

7月6日，秩父季保被迫切腹自尽。次年1809年（文化六年），齐宣也因"纵容近思录党"而被问责。6月17日，齐宣被迫隐退，由长男齐兴继任藩主之位。

虽然秩父季保在这场骚乱中切腹自尽，但追慕其刚直清正者却不在少数。即便到了西乡所处的时代，人们依然对秩父抱有敬仰之情。而西乡也和那些年轻藩士一样，对"近思录党"的迫害者们甚感愤慨。从这点也能看出西乡正义感之强，他那种希望一生贯彻大义的精神，完全体现了萨摩武士的气质。

再说回西乡所担任的郡方书役一职，由于该职位是提供给寒门藩士子弟的临时性工作，因此并非全职，也不用每天都去报到。

在没有工作任务的空闲时间，西乡或去藩立学校（造士馆）听讲，或与志同道合的友人一起研读或讨论圣贤典籍，或与同伴一起拜谒所尊敬的前辈并听其教诲。直到明治时代，日本人还一直把听前辈的讲话视为增进学问和修养的手段，但从大正时代起，这样的习惯逐渐消亡。

当时，西乡有几个最为亲密的朋友，他们分别是与西乡同一乡中教育的大久保利通、吉井友实，高丽町乡中教育的有村俊斋（后改名为海江田信义），上之园乡中教育的伊地知正治等。这些人都是乡中教育培养出的人才，也都是日后"精忠组"的成员。

西乡与上述好友聚在一起高谈阔论时，每次最能言善辩的要数大久保，而寡言少语的西乡大多数时候只是倾听大家的谈话。论年纪，吉井和伊地知同年，西乡比他们大一岁，大久保比吉井他们小两岁，海江田比吉井他们小四岁。

这帮勤奋且认真的青年一起研读《近思录》，他们仰慕秩父的遗德，并极为憧憬《近思录》中的思想。在如此的潜移默化下，与左右逢源的策士相比，他们更欣赏舍生取义的烈士。

话虽如此，以西乡为首的这帮青年当时依然存在思想的局限性，他们并未放眼天下，而只是关注藩内之事，把成为光明磊落的萨摩藩武士视为人生目标。

由良骚动与"精忠组"

每当英雄登上历史舞台时，阻挠势力必然随之出现。而对岛津齐彬这位稀世明君而言，其最大的阻力便是萨摩藩中的"由良骚动"。

这场骚动的本质是藩主之争，爆发于齐彬派与久光派之间。齐彬派受到藩内开明武士的支持，而久光派则受到藩内保守武士的支持。两派之争日渐升级，最后发展成为一场动乱。

究其原委，还得从十代藩主齐兴说起，当时的齐兴在第八代藩主重豪的"监护"之下，为了解决萨摩藩的巨额债务问题，二人合意整顿财政，于是任命调所广乡担当财政改革主任，后来又将其提拔为家老（家老是江户时代在大名家中统管藩政的重臣。——译者注）。

调所不辱使命，成功实施了财政改革。但在1847年（弘化四年）推行军制改革和土地分配改革时遭到了藩内武士的强烈反对，改革的基础开始动摇。面对该形势，对齐兴积怨已久的世子（继承人）齐彬抓住机会，借助幕府老中（老中是江户幕府的官职，是辅佐将军、总理全部政务的最高官员。——译者注）的力量，获得了参与藩政的权利。

齐彬先是奉老中阿部正弘之命回到萨摩，然后开始边缘化调所。阿部把萨摩藩视为幕政改革的必要力量，因此决定支持齐彬。而重豪也一直赏识和信任齐彬的才能，因此愿意让其坐上藩主之位。

另一方面，齐兴与调所并不认同齐彬所主张的西式军制和财政策略，因此十分惧怕其掌权。这时，久光的母亲（齐兴的侧室）由良为了让久光当上藩主，便与调所一派串通起来。

1848 年（嘉永元年），调所前往江户公干之际，支持齐彬就任藩主的老中阿部借机质问萨摩藩的贸易走私活动，并以此要求齐兴退位。阿部之所以能抓到这个把柄，其实是齐彬提供的。调所为了保护齐兴，决定扛下所有责任，最后服毒自杀。

于是两派的矛盾愈演愈烈。1848 年（嘉永元年）和1849 年（嘉永二年），齐彬的子嗣相继夭折。齐彬派坚信，这样的不幸缘于由良的诅咒（一种祈求神灵让仇人遭灾受苦的手段），于是怒不可遏的齐彬派计划暗杀由良。

结果暗杀计划败露。1849年（嘉永二年），被视为主谋的町奉行（管理町内事务的官职。——译者注）近藤隆佐卫门、铁炮奉行（管理火炮武器的官职。——译者注）山田清安、船奉行（管理船务的官职。——译者注）高崎五郎右卫门被迫切腹自杀。次年，三人的遗体又被挖出，再被施以磔刑（把人绑在十字架上后用长枪刺死的刑罚。——译者注）和锯刑（把人用锯子慢慢锯死的刑罚。——译者注）。该事件牵连人数众多，总共有30人，他们有的切腹自杀，有的被发配至远岛。

1851年（嘉永四年），有人逃离萨摩藩，前往幕府告状。得知上述恶行的幕府命令齐兴隐居让权，于是齐彬就任第十一代藩主。此次风波造成的牺牲者不在少数，但藩内官员被洗牌，齐彬与久光也相互和解。

在这场动乱中，有一位与西乡家渊源颇深的人物也被下令切腹。其自杀后沾满鲜血的贴身内衣送到了西乡手里。当时西乡24岁，生来性格耿直、感情丰富的他，面对这种舍生取义的武士精神，其灵魂受到了强烈触动。

由于萨摩藩封锁了有关这场动乱的消息，因此普通人并不知情。西乡之所以能得知真相，缘于熟人被牵连致死。而大久保的情况也类似——他的父亲亦遭受牵连而被流放远岛，因此他也知晓事件真相。二人都十分愤慨，并以传承先烈意志为目的，开始出谋划策。

他们创建了书友会，把同好组织在一起，共同研读秩父季保生前推崇的《近思录》。周围人把该团体称为"精忠组"（也叫"诚忠组"）。

"精忠组"的规模日渐壮大，其作为一股隐形势力，在历史舞台的暗处活跃了较长时间，一直持续至久光为了肃清藩内过激派武士而发动的"寺田屋骚动"。"精忠组"成立后不久，组员们所关注的焦点终于从萨摩藩内政转向天下局势，而他们也获得了一个新称号——"勤王党"。

西乡是盟主般的存在，而大久保、堀仲佐卫门及岩下方平等人则占据主导权。而藩主齐彬则是他们的不二导师，是齐彬教育了他们，让他们懂得应心存天下，让他们明白何谓新的大义。

新藩主岛津齐彬的实力

后人把岛津齐彬称为"幕末明君"，但其早在当上藩主之前，便已经展现出过人的才智与手段。

从 1844 年（弘化元年）至 1846 年（弘化三年），英法两国的军舰和商船数次来到琉球。当时的英国在鸦片战争中取胜，且不断扩大在东北亚地区的影响力。而法国千方百计想把琉球国划入其在亚洲的势力范围。19 世纪前叶，英法这两个世界强国，为了亚洲霸权而互不相让。眼看英国在中国取得成功，法国力图通过拿下琉球来扳回一局。

面对如此紧张的局势，萨摩藩增加了卫兵人数，并在萨摩半岛的山川港集结军队，以便能在冲突爆发时立即出兵。

从 1844 年（弘化元年）算起的三年，正好是西乡隆盛18 岁至 21 岁的那段时间。当时还只是世子的岛津齐彬为了处理上述外交危机，于 1846 年（弘化三年）6 月 25 日回到萨摩。

日后成为藩主的齐彬提拔西乡、教导西乡，这使西乡得以"开眼"，明白了心系天下的必要性。换言之，多亏了齐彬，西乡才能够走上历史舞台，并与天下名士结识。对西乡而言，齐彬既是主仆关系中的主人，也是师生关系中的导师。

齐彬生在江户、长在江户。当时，所有大名的世子都必须常住江户，充当幕府挟制各藩的人质筹码。因此对世子而言，要回自己的藩地并不容易，只能长时间束缚在江户一地。

齐彬生平第一次回萨摩藩是在1834年（天保五年），而1846年的归乡之旅是第二次。齐彬第一次归乡时，西乡才8岁，当然不可能对齐彬有印象。因此对西乡而言，齐彬的第二次归乡才是两人的"初次邂逅"。

碍于身份限制，当时的西乡并无拜谒齐彬的资格，最多只能远远地仰望其英姿。即便如此，还是让西乡甚为感动。

当时，齐彬认为，与法国必有一战，但当下应该尽量拖延开战时间，因此建议沉稳应对。

而此时，琉球国是中国属地。如果法国获得中国的允许，进而要求琉球方面给予外交、贸易和传教的自由，那琉球国王便难以拒绝。为了应对这种可能出现的情况，齐彬提议道：

"若有此事态，日中关系恐生变，届时应令琉球国王给予法兰西国外交权与贸易权，但须驳回传教之要求。私以为，此乃最良之策。"

在座的老中阿部正弘（老中是江户幕府的职名，征夷大将军直属，负责统领全国政务。——译者注）即刻同意并批准了齐彬的提议。阿部一直很欣赏齐彬的才干，两人交情甚好。

齐彬回到萨摩后，第二天便风风火火地下达指示。他先是乘坐小快艇到琉球，并把对老中阿部说过的话再次传达给驻守当地的军官，让他们奉命行事。

接着，齐彬又派一支部队在山川港严阵以待，并让身居要职的官员负责本土海岸的防卫事务。因为他亲自前往一线巡视，从而士气受到鼓舞、下属得到激励。

琉球国方面遵照齐彬的指示，与法国展开交涉。最终，法国方面对谈判结果表示满意，原本停泊在那霸港的三艘法国舰船也自愿回航。多亏了齐彬，这场危机得以成功化解。

此事之后，齐彬并没有松懈，而是趁机改革藩内军制。他借鉴西方的军队编制，重新整编藩内的部队。不仅如此，他还对藩内武士实施西式操练，让他们学会拆装枪炮和射击进攻，并购置反射炉铸造大炮，包括可发射重型炮弹（重量为4斤）的法式野战炮。

次年（1847年，即弘化四年）2月，藩主齐兴从江户归乡，但齐彬并未因此动身前往江户，而是留在萨摩，直到同年10月。在其逗留萨摩的一年零四个月里，他良策频出，妥善处理了诸多棘手问题。

目睹齐彬的精准指挥与有效手段，以西乡为首的"精忠组"青年哪能不为之震撼。其"稀世明君"的头衔几乎是众望所归。当时已近不惑之年的齐彬，已然完全具备成为藩主的一切资质。

幕末志士西乡隆盛的诞生

1854年（安政元年）3月，岛津齐彬抵达江户萨摩藩邸，其位于如今的东京港区三田一带。

当年的正月二日，老中阿部正弘发来急令——"请速速离藩，前往江户，提前参勤交代。"当时正值佩里（美国海军将领）率领美国舰队再度来犯，并催促日方缔结《日美亲善条约》。阿部赏识并信赖齐彬的能力，因此想找齐彬商量化解危机的对策。

接到急令的齐彬立即决定前往江户，并发出布告，宣布"正月二十一日出发"，还公布了随从名单。其中就有西乡隆盛的名字。其实，西乡的名字是齐彬亲自加到随从名单中的。可见齐彬对他十分器重。

终于迎来了出发的日子。距城下4公里处，有个名叫水上坂的地方，沿着水上坂往上走，就会看到一间岛津家的茶屋。该茶屋是藩主远途回藩和前往江户时更衣休憩的地方。

那天，齐彬已在茶屋换好便于远行的衣服。

据说，齐彬当时看到在茶屋外恭候的随从时，对侍臣问道："西乡在哪里呢？"其对西乡的重视可见一斑。

多年后，西乡回忆道："我不明白齐彬主公为何如此优待我。他在藩内时，我经常上奏意见书，或许因此给他留下了印象吧。"

西乡曾向齐彬呈上有关农民生计的意见书，现今该文书已经遗失，无法考据其具体内容，但据说是它引起了齐彬对西乡的关注。

话说一行人抵达江户后，齐彬任命西乡为其庭方役（庭方役是武士官职名，负责管理庭园的建造和维护。——译者注）。

庭方役是幕府的固有官职，自第八代将军德川吉宗起，该官职被赋予了特别的意义。当时德川本家绝嗣，于是纪州家的吉宗回归本家，从纪州前往幕府继任将军一职，并带去了诸多家中随从。其中，一名叫薮田助八的随从名义上负责看管庭园，实为吉宗的股肱之臣。因此，自吉宗之后，幕府的庭方役一职发生了变化——表面上是庭园管家，实质上是主公的隐秘心腹。

按照明治时代的军制，西乡家的军阶最多只能算少尉或中尉。鉴于该阶级身份，西乡姑且拥有谒见藩主的资格，但毕竟只是倒数第三位的御小姓组，因此很难被藩主召见。

但齐彬却把西乡提拔为庭方役，时常借着去庭园散步的名义与西乡直接交谈。有时甚至把西乡召到檐廊上会面。齐彬之所以让西乡当庭方役，并非为了让其成为自己的密探，而是赏识其才能，因而决定亲自栽培他。

而这正是西乡日后成为幕末志士的首要契机。

齐彬抵达江户后，某日前去水户家拜访。水户家是德川三大家族之一。当时的水户藩藩主是德川齐昭，人称其"英雄明君"。而齐昭的股肱之臣亦非等闲之辈，其左右手分别是藤田东湖和户田蓬轩，人称"水户两田"。而接待齐彬的正是这两人。

会面时，齐彬说道："我最近于藩内寻得一才，遂收为随从。其身份虽微，但可成大器。望二位予以教导关照。"接着，齐彬又强调道：

"此人（西乡）英气甚烈，不喜听命受缚，喜脱逸桎梏，以己之见识而动。除我之外，恐难驾驭。"

齐彬可谓慧眼识人。纵观西乡后来的人生轨迹，完全应验了"性格决定命运"这句话。《南洲翁遗训》中所描写的西乡的性格品质，其实齐彬很早就已明了。

话说藤田东湖和户田蓬轩二人，听到齐彬居然如此盛赞西乡，自然没有不对西乡感兴趣的道理。他俩一边聆听齐彬的话，一边在脑中描绘西乡的轮廓，最后回复齐彬道："请务必为我们引见。"

西乡的"秘密教师"藤田东湖

西乡与藤田初次见面是在 1854 年（安政元年）4 月。当时，西乡前往水户藩的江户藩邸（如今东京水道桥的东京巨蛋体育馆周边）拜访了藤田和户田。

藤田和户田在当时可谓声名远扬，凡是各藩的有志青年，只要有机会到江户，便会四处寻求门路，为的是拜谒"两田"，哪怕讨得一丝半点的指教和熏陶也好。

他俩如此被追捧，正应验了"时势造英雄"这句话。当时的日本知识分子开始关注欧美列强以及日本的未来，而"两田"在该领域的知识和理念较为先进。

高瞻远瞩的他们很早就预见到西方列强必会来犯，于是谏言藩主德川齐昭充实国防力量。1854 年 3 月，《日美亲善条约》签订，整个江户为之哗然。

由于齐彬的赞誉，藤田和户田对西乡颇为厚待。二人之所以愿意见西乡，应该是为了一睹其才华，但西乡初次见面时所表现出来的沉默寡言，想必让他俩略感意外和不解吧。

三人初见时，西乡只是自报姓名，之后便一直沉默不语。面对自己仰慕的"两田"，西乡大概唯恐听漏任何一句话，因此全神贯注、惜语如金。

那天，在回去的路上，西乡对同行的人说道："（藤田）东湖先生犹如山贼之首。"当时的西乡离开萨摩不久，面对豪放、雄辩的藤田，不禁心生惊恐。

但与此同时，西乡也感受到了藤田的人格魅力。再加上齐彬曾对西乡说："你应该成为藤田的弟子"，随着见面次数的增加，西乡对藤田越来越拜服。

而在该过程中，藤田也渐渐被西乡的人品所倾倒，还以"伟丈夫"的昵称称呼西乡。该昵称不仅包含了西乡身形高大之意，也体现了其心境伟岸的特质。

哪怕多年以后，藤田都一直是西乡最为敬重的人物之一。他曾说道："前辈中，我最尊敬藤田东湖先生；同辈中，我最敬重越前的桥本左内先生。"之所以没有提到齐彬，是因为齐彬在他心目中拥有更为特殊的地位，不是用"尊敬"

一词就能够简单表达的。

通过向藤田学习，西乡了解了社会现实，也明白了当时日本在世界的地位和处境，并因此心生一种紧迫的危机感。在萨摩担任郡方书役时，西乡虽然已经一身正气、诚实耿直，但终究不过是个稍显青涩天真的乡村青年。

对西乡颇为慈爱的齐彬之所以督促西乡与藤田见面，也是为了让西乡能够获得启蒙、知晓天下。

但凡事皆有两面，也许是西乡过于耿直，因此机械地全盘接受了藤田等水户学者所主张的攘夷论。当时，在他写给舅舅椎原与右卫门和椎原同权兵卫的信中，有这样的激昂言论：

"倘若水户老公（老公是对身份和地位很高的老者的敬称。——译者注）为扫平夷船而扬鞭出战，我愿驰骋头阵，甘为沙场铺地之土。"

可见其对攘夷论的痴迷。

而齐彬却不同，其既非单纯的开国论（主张打开国门的观点）支持者，也非单纯的攘夷论支持者。齐彬对西学兴趣浓厚。由于他喜爱研究西洋文物，因此人们说他有"兰学

（日本人最早接触到的西洋文化源于荷兰，因此西学在当时也被称为"兰学"。——译者注）之癖"。前面说过，西乡受到攘夷论的熏陶。有一天，他劝诫齐彬的"崇洋"行为，却反被齐彬教育道：

"若一味崇古，日本便无法进步与立足，勿忘取长补短。西洋文明确有惊人之所长。以国粹主义，岂能保国？攘夷也好，开国也罢，若不洞悉外国之形势，如何制定方略？"

齐彬认为，在当时的情势下，打开国门是非常危险的，必须在积蓄一定国力后才可以那么做。正因为如此，他才故意给醉心于攘夷论的西乡泼了冷水。

齐彬还对西乡说道："水户老公（德川齐昭）之才干器量，未及众人所想之程度。"德川齐昭的确非常贤明，但藤田、户田二人的辅佐其实占了很大比重。眼光敏锐的齐彬，早早就看穿了这点。

话虽如此，受到齐彬赏识和栽培的西乡之所以能够提升为更高境界的人物，主要归功于藤田东湖的指导。由此可见，在西乡的人生轨迹中，其与藤田的邂逅极为关键。

"萨摩有西乡"

1855 年（安政二年）9 月，齐彬的爱妾产下一男，取名
为哲丸。西乡为之甚喜。

但齐彬却立久光的长男壮之助（即后来的忠义，其为末
代萨摩藩主）为藩主继承人，而将哲丸定为壮之助的后继藩
主。齐彬之所以这么做，是为了终结接班人之争，团结全藩
的力量。

对此，西乡向齐彬谏言道："在您家臣中，面对此举
（立壮之助为继承人），有正义之心者也恐难接受吧！"结果
齐彬异常愤怒，对西乡呵斥道：

"为人应审时度势！为避免族内纷争，我方出此策！下
任藩主既定，便可平复家臣心中之不满，并使之团结一心。"

齐彬想让西乡明白，当下要务并非岛津家的继承问题，
而是如何化解日本所面临的危机。这正体现了齐彬的大义和

无私。

不重身家，而重国运。面对齐彬如此高尚的心境，西乡颇受触动。这种遵从大义的态度，让西乡感受到了不为私心所支配的强烈意志。

努力与私念做斗争，努力磨砺无私之心，这是西乡贯彻一生的态度。正因为如此，他对齐彬佩服得五体投地。

话说哲丸出生后的第二个月的第二天（10月2日），江户发生了大地震。该地震造成20余万人丧生，其惨状史无前例。水户的藤田和户田也在地震中被压死。在当时的局势之下，二人之死可谓国家的重大损失。而对西乡而言亦是如此，失去了最为尊敬的前辈，其悲叹之情不难想象。

齐彬为了继续栽培西乡，故意让他以跑腿者的身份，频频出入各藩贵族的家中，还把他引见给越前藩藩主松平庆永（春岳）。齐彬在向松平介绍西乡时，就像当初把他介绍给"两田"时一样，不吝赞美之辞。

鉴于齐彬强大的影响力，西乡的知名度也水涨船高，渐渐被人称为"天下之名士"。虽然其身份较低（御小姓组）、官职平平（庭方役），但"萨摩有西乡"这句话却被日益传开。

当时，凡是心系天下的忧国之士，无不知晓西乡。其日后之所以能够获得众人信赖，并在多个历史事件中发挥作用，很大程度上要归功于齐彬的背景。

当时还有一桩大事——幕府与萨摩之间的亲事。时任十三代将军的家定身体羸弱、处事不稳。老中阿部正弘担心幕府的未来，迫切希望将军家能早得贵子并早日继位，于是找来关系甚密的齐彬商量事宜。

能与将军家联姻，在齐彬看来也是益处颇多，于是此事一拍即合。为了促成这门亲事，齐彬先拜托与岛津家关系密切的近卫家将同族的大隈加治木城主岛津忠刚之女笃子（后来的笃姬·天璋院）认作养女，然后再把笃子收为自己的养女。最终，在四年后的1856年（安政三年）年末，笃子嫁进了幕府。

而西乡其实是这场联姻的最大功臣。他奉齐彬之命，打点大奥（江户城内将军妻妾的住处，相当于后宫。——译者注）的侍女，并在婚事确定之后负责各种准备工作。多年后，西乡之所以有了一项与其粗犷外表不符的技能——鉴定高级金银工艺品、漆器和发饰，完全是由于当时的经验积累。

庆喜派引发的将军继嗣问题

话说在笃姬即将嫁入幕府将军家之前，围绕将军继嗣问题的矛盾突然爆发。

当时，以齐彬为首，包括越前的松平庆永、宇和岛的伊达宗城、土佐的山内丰信（容堂）、上州安中的板仓胜明以及老中阿部正弘在内，都拥护一桥庆喜作为将军之位的继承人。一桥庆喜属于御三家（御三家是指德川家的三支分家。——译者注）、御三卿（御三卿是指田安德川家、一桥德川家和清水德川家。——译者注）的成员，拥有成为继嗣的资格。

庆喜当时刚入而立之年，拥有"贤明"的口碑，在当时的局势下，他被认为是下届将军的合适人选，因此拥护者不断增加。可以说，是内忧外患的国情让庆喜博得了支持，这从当时忧国之士的言论中亦能体现：

"强国乃当下第一要务。若不然，日本将沦为欧美列强口中之饵。纵观国力羸弱的东洋各国，无不沦为列强囊中之物。而幕府为政治中枢，欲强日本，必先强幕府。下任将军须为贤明少壮之君，并暂代现任将军治理天下。"

为了促成庆喜继位，齐彬命令西乡四处奔走、打点一切。在此过程中，西乡结识了越前的松平庆永手下的家臣桥本左内。与西乡类似，左内当时奉庆永之命，为此事东奔西走、四处斡旋。

随着与左内会面的逐渐频繁，西乡对他越来越佩服。就像前面提到的，西乡日后回忆道："前辈中，我最尊敬藤田东湖先生；同辈中，我最敬重桥本左内先生。这两位是我一生中最重要的启蒙者。"

可结果却事与愿违——最终被选为将军继承人的是纪州家的家主德川庆福（后来的家茂）。那一年是 1858 年（安政五年），当时的庆福才 12 岁，却获得了大奥方面的支持，并且受到大老（大老是江户幕府的非常设官职，其辅佐将军施政，地位在"老中"之上。——译者注）井伊直弼的钦点，成为将军的接班人。

面对这样的现实，为了汇报情况，一直为了让庆喜继任而运筹帷幄的西乡暂回萨摩。自从 1857 年（安政四年）返乡后，齐彬一方面致力于稳定民情和增产兴业，另一方面则大力推进军事装备的现代化，包括建造军舰、增加炮台、改革军制等。

西乡回到萨摩后，立即谒见齐彬。他转交了庆永的书简，并详细报告了中央的形势。由于拥有笃姬这一嫁入将军家的眼线，齐彬对情况已有大致了解，但在听取了西乡的汇报后，还是被幕府周边事态的急速发展震惊到了。

前面提到，以"谱代（德川幕府按亲疏关系将大名分为亲藩、谱代和外样。亲藩为德川家族中成为大名的人，谱代为关原之战前便从属德川家族的人，外样为关原之战后臣服德川家族的大名。——译者注）总代表"的身份就任大老一职的井伊直弼大权在手，势力强盛。西乡对齐彬说道："各藩皆惧大老，若不靠非常之策，恐无力应对。"

齐彬自然听出了其中的弦外之音，遂问道："何为非常之策？"对此，西乡只答道："请考虑京都方面。"

听了这句话以后，齐彬说道："正合我意。我将以守护朝廷之名，率兵进京（京都）。恳求天皇下旨，令幕府改革制度。幕府若遵旨从命，则为最善；若抗旨不从，我便起兵讨之。"

齐彬的计划其实算一种军事政变。在他看来，为了打破无出路的困境，唯有出此下策。西乡内心也抱着同样的想法，但不敢明说。

数年后，随着局势的日益紧迫，率兵上京，拥护朝廷，逼迫幕府……这一切都渐渐变得必要和合理了。但在当时，这样的想法还是十分骇人的。西乡认为，唯有齐彬能让这步险棋取胜。

西乡下此判断的依据如下：①萨摩的强盛；②齐彬天下闻名的才干；③齐彬与朝廷方面的关系——其在天皇和众公卿中颇有威望；④齐彬与不少大名交好——乃至在幕府内都有诸如川路圣谟、岩濑忠震这样优秀的志同道合者。

实行计划的基础已打好。数日后，齐彬将写好的多封密信委托西乡代为转交。其收信人包括近卫家的筑前侯黑田齐溥（齐彬的大叔父）以及松平庆永和川路圣谟。6月18日，西乡再度从萨摩动身，前往江户。

不幸的是，该计划由于齐彬的猝死而破产。即便如此，该计划还是在萨摩人的心中播下了抗争的种子。四年后，岛津久光终于率兵进京，算是了却了齐彬的遗愿。

戊午密旨及安政大狱

话说齐彬在世时，西乡几乎成了其在朝廷的全权代理人，负责各种斡旋与串联工作。由于频繁出入近卫家，西乡经常与京都东山清水寺成就院的前住持月照会面，两人关系日益亲近。

面对主公齐彬的突然辞世，西乡被难以名状的悲痛所击倒。按照那个时代的道德规范，武士不可表露喜怒哀乐，否则会被视为轻浮的懦夫。再加上西乡高大伟岸的身躯，旁人愈发难以察觉其痛如刀绞的心境。

但月照则不同，他既了解西乡，又是佛门之人，因此对西乡的悲痛完全感同身受。

"人之生死，皆乃定数。你或许有以死侍主之心，但此绝非主公期望之举。主公之志，你必知晓。你应继承其志，重振日本。此乃侍主报恩之正道。"

月照之所以这么说，是想规劝西乡不要为了追随齐彬而自杀。听完这番话后，西乡回应道："你言之有理。"于是他回心转意，决定化悲痛为力量。

自那以后，西乡就没有再回萨摩，而是辗转于京都和江户两地，为的是促成幕府的政治改革。齐彬生前的目标是立一桥庆喜为将军，然后推进幕府政改，增强日本国力，从而避免外交危机。

要想实现该计划，就必须迫使井伊直弼辞去大老一职。而西乡的一切行动，都完全遵循了齐彬的遗志。

当时的朝廷也对大老井伊颇为不满，因此有意向幕府下旨，以罢免其大老一职。

矛盾的导火索是幕府擅自与美国签订《日美修好通商条约》。该条约签订后，朝廷曾下旨，命令幕府"于御三家中选一代表，并遣其上京，以解释情况"。可井伊不但视圣旨为无物，还如法炮制，又与俄、英、法三国签订了同样的条约。

朝廷对此恼羞成怒，向幕府下旨道"即刻罢免井伊，以立幕府之新政治组织"。

当时，三条家家主三条实万认为，朝廷在降旨于幕府的同时，也应降旨于尊王攘夷派的核心——水户藩。按照行政等级制度，各藩处于幕府将军的管辖下。如果朝廷直接向藩主下旨，那等于是绕过了幕府，这是没有先例的。

兹事体大，因此在下旨之前，需要充分打探，摸清水户藩是否真有领旨的实力。而这一使命便落在了西乡身上，于是西乡携天皇密令，前往水户。

水户藩的家老安岛带刀看了西乡带来的密令文书后，对西乡说道："当下藩内情势混乱，恕无法受命奉行。"眼看被拒，西乡只得作罢。于是找到月照，拜托其将密令交还给近卫家。

然而，事态却在西乡完全不知晓的情况下有了变数。近卫家和三条家凭借水户藩士鹈饲吉左卫门这条人脉，了解了水户藩的时局，并以此做出了判断。两家认为，水户藩拒绝受领西乡送去的密令，属于"符合道义"的行为，但考虑到水户历代尊王的方针原则，应该不会简单退缩。

于是乎，当西乡于 8 月 7 日回到江户时，朝廷决定下旨。8 月 8 日，朝廷正式向水户藩下旨。这便是日本历史上有名的"戊午密旨"。明明是正式下达的谕旨，却被称为"密旨"，是因为它没有经过关白（关白是辅佐天皇处理政事的最高职务。——译者注）九条尚忠的审批。换言之，该圣旨没有走完正式的手续。

自不必说，当看到该密旨时，安岛带刀是最为震惊的。当初明明拒绝了前来"通气"的西乡，可朝廷却依然下旨。倘若领旨从命，幕府对水户藩的打压必然会加剧。

但木已成舟，要退回圣旨也是不可能的。自光圀（德川光圀是水户藩第二代藩主。——译者注）以来，水户藩代代尊重皇室，此为不可动摇的宗旨。安岛带刀唯有接受。

而在水户藩接旨的第三天，幕府也接到了一道圣旨，上面还有关白九条的批注。九条属于"亲幕府派"，因此在圣旨上批注道"旨虽有此意，然勿忧"，等于是否定了圣旨的内容。

话说大老井伊，在看到这道圣旨后勃然大怒，立即要求水户藩退回圣旨。而水户藩内则意见分裂，一派主张退旨亲幕，一派主张奉旨抗幕。两派分歧日益激烈，局面变得难以收拾。

当时的西乡正留在江户观察形势，当听闻天皇已经降旨于水户藩时，难以掩饰心中的震惊与不解。当初自己奉命前往水户藩探口风，结果圣旨照下不误，这让他对始作俑者（京都的近卫家和三条家）极为不满。他在心中愤懑道："既然如此，当初为何差遣于我？！"

但愤怒过后，西乡恢复了冷静，并做出了决定——既然圣旨已下，那唯有好好利用它了。

从 1858 年（安政五年）9 月至 1859 年，井伊直弼发动的"安政大狱"拉开了序幕。井伊严禁传播"戊午密旨"的相关内容。在此高压政策下，水户藩变得愈发混乱。

不仅如此，幕府还趁机发起抓捕浪人武士的肃清行动，进一步加深了对尊王攘夷派的压迫。

再看此时的萨摩藩，曾一手栽培西乡成为名士的岛津齐彬突然死去，由人称"忠义国父"的岛津久光继位掌权。至此，西乡将面对其人生中的"逆境篇章"。

第二章

西乡隆盛·从『叛逆者』到幕末的『英雄』（后篇）

从幕末志士、维新元勋到叛徒——俯瞰西乡隆盛大起大落的一生⊘

前途悲观无望，夜半投水自杀

前面提到，1858 年（安政五年）6 月，大老伊井直弼决定立德川庆福为继嗣，也就是后来的第十四代将军德川家茂。同年 7 月，其突然以"违反幕法"为由，对水户藩前藩主德川齐昭等人予以"软禁在家"的处分。

这使得以大老直弼为首的一桥派遭到了强烈回击。连孝明天皇都对一桥派大为震怒，于是 8 月下达了前面讲到的"戊午密旨"。对此，直弼等人采取了"封堵打压"的对策，他派老中赶赴京都，为的是查出策划该密旨的参与者，并抓捕其中的带头者。

之后，从宫家（即皇家，与天皇有血缘关系的家族。——译者注）、公家（即官宦家，侍奉朝廷的贵族或高官之家。——译者注）的家臣，到尊王攘夷的志士、水户藩士，都遭到了逮捕和处罚，其压迫程度可谓空前。至此，日本历史上的"安政大狱"拉开序幕。

在安政大狱的恐怖笼罩下，连清水寺成就院前住持月照这样的隐居僧人都成了幕府抓捕的对象。对西乡而言，月照既是怀揣维新理想的志同道合者，也是十分重要的良师益友。

月照性格耿直且勤奋努力，曾一心追随佛道。但随着局势的逐渐动荡，他变得忧国忧民，最终走上了政道。由于他与近卫家和堂上家（堂上家是公家的一种家格，指的是可以入朝议政的公卿之家。——译者注）颇有交情，因此经常充当中间人，为志士和堂上家牵线搭桥。

久而久之，月照在维新志士之中便有了"勤王僧"的名号。在 42 岁那年（1854 年，即安政元年），他把住持之位让给了弟弟信海，从此隐居，一心关注国家政事。

前面提到，月照与近卫家交好。而通过近卫家这层关系，他与西乡之间的友谊日益巩固。毕竟从岛津家先祖忠久那一代开始，岛津与近卫两家就一直保持着密切关系。

再说回幕府的高压政策，面对安政大狱的威胁，月照差人给西乡捎口信，请西乡去近卫家，于是西乡立即动身前往。在近卫家恭候的忠熙见到西乡后，拜托他保护月照的安全。

根据忠熙所得到的可靠消息，月照已经被幕府列入了抓捕名单。他对西乡说道："奈良有故交，月照可安身，望你护送，以保万全。"西乡则回应道："月照乃志同道合之亲友，且有大恩于我，纵有千辛万难，我必不辱使命。"

为了到达奈良，西乡和月照先向伏见行进，结果二人在伏见的行踪暴露了。为了摆脱幕府方面的追捕，他们先赶往大坂（大坂即如今的大阪，但面积和行政区块与如今有所不同。江户时代中期，"大坂"与"大阪"并用。1868 年，"大坂三乡"与大坂府合并，整块区域正式更名为"大阪"。——译者注），再从大坂坐船，前往下关。西乡之所以决定去下关，是为了把月照带回萨摩藩。在当时的情况下，他认为这是最安全的方案。

二人到达下关后，西乡先独自回到萨摩，谒见隐居中的岛津齐兴，恳请其为月照提供庇护。然而正可谓"雕栏玉砌应犹在，只是朱颜改"，齐彬才刚去世三个月，萨摩的政治氛围已经完全变样。由于害怕与幕府发生不必要的摩擦，萨摩的达官贵人们个个噤若寒蝉，谁都不敢帮助西乡。

话说此时的月照藏身于大宰府，通过平野国臣的斡旋，他总算进入了萨摩，与西乡顺利会合。可藩厅却命令月照"即刻迁至市内柳辻的使节客栈——田原屋"。

用现在的话来讲，田原屋就等于是"高级国宾馆"，从其他各藩各地前来拜访的高级宾客，一般都会投宿于此。对萨摩藩的当权者而言，让月照住在田原屋，已经算是厚待了。

于是月照一行人安顿在了田原屋，但毕竟寄人篱下、身无自由，他们整日处于严密的监视之下。房间外都是看守，且禁止他们与人会面。不仅如此，还有"便衣"伪装成住宿的客人，"24 小时无死角"地注视着他们的一举一动。这使得月照完全与世隔绝，与软禁无异。

得知该情况后，西乡十分震惊，请求藩厅允许自己与月照会面。不仅如此，他还遍访藩内要臣，晓之以理动之以情，为的是让他们保证月照的人身安全。

但结果事与愿违，萨摩藩最终以"无法庇护月照"为由，派人将其逐出藩内，送至日向（如今的宫崎县）。在当时，这种类似"送至日向"的命令只是个幌子。其真实含义是"等到越过萨摩与日向的地界，便将月照斩杀"。

面对萨摩的这种决断，西乡怒发冲冠："岛津家实力雄厚，领地宽广，何以无庇护（月照）之力？！究其因，唯无庇护之意耳！"

终于，在一个月黑风高的夜晚，月照和西乡坐在驶往日向的船上，两人都心如死灰。让月照独自送死，在西乡看来，这绝非仁义之举，因此决定与月照共赴黄泉。

他们在船上摆开酒宴、觥筹交错，然后双手相扣，一同跳入锦江湾。

月照溺水身亡，西乡却被当地渔夫救了上来。可由于腹中灌入了大量河水，他陷入了深度昏迷。当时的西乡只有 31 岁，或许是因为年轻，他居然奇迹般地苏醒，从鬼门关捡回了一条命。

原本打算与志同道合者一同赴死，可唯独自己得以苟活。对萨摩武士而言，这比死更为痛苦和屈辱。据说在那段日子，西乡家的人把各种刀具和利器藏到他看不见的地方，以防他自杀。

忍辱乃至难之事，若知难而进，便可自然领悟生命之意义。这便是佛教教义《六波罗蜜》中的"忍辱"修行。

西乡当时究竟是如何战胜自己的？关于这一点，如今的我们已无从知晓。但有一点可以确定，在万般痛苦纠结的心路历程后，他学会了忍辱，选择继续活下去。

弃死重生，潜居奄美

话说西乡虽然捡回一命，但依然身体衰弱、整日卧床。好在他还年轻，其身体在一天天好转。

前面提到，西乡生性寡言，而在那段康复期，他变得愈发沉默。一想到已不在人世的月照，他就自惭形秽，恨不得找个洞钻进去。

自那以后，西乡在写信时，常常以"土中死骨"自称。他认为自己已死过一次，犹如土中枯骨，其自谴自嘲之意不言而喻。

另一方面，西乡也在思考一个问题：为什么只有自己活了下来？经过思索，他的答案是："此或为天意。既如是，我或应遵从天意。"后来，"敬天爱人"成了西乡最为中意的成语之一。其中"敬天"的思想，或许此时已在他心中萌芽。

有个叫犬养毅的人在年轻时十分厌恶西乡。可到了晚年，他却变成了最为狂热的西乡崇拜者，甚至还给西乡写了传记。在传记中，对于上述投水自杀未遂事件，他点评道："（该事件）乃西乡人格重大飞跃之契机。"

西乡从小勤奋好学，通过读书思考、向人请教，其汲取了礼仪教养和武士道方面的知识和精神；又通过参与政治运动而具备了"心系家国、放眼天下"的思想高度。而在经历了投水自杀失败的忍辱考验后，其原先所学的一切突然融会贯通，使西乡成长为更有气度、更有深度的一代天骄。

1858 年（安政五年）12 月，藩厅命令西乡"改名为菊池源吾，移居奄美大岛"。这并非给予罪人的远岛流放之刑，而是萨摩藩对西乡的保护措施。当时幕府已经盯上了西乡，为了掩盖西乡的行踪，藩厅才出此下策。由于并非因罪流放，因此西乡依然能够拿到六石的年俸。

现在看来，藩厅可谓救了西乡一命。由于西乡是"戊午密旨"计划的直接参与者，因此成了井伊大老发动的"安政大狱"的抓捕对象。假如西乡被捕，其势必会与桥本左内和吉田松阴等人一样，落得个死罪的下场。

话说回来，藩厅之所以这么做，并非因为对西乡有什么特别的感情，只是奈何其为先君齐彬的宠臣，且在各藩拥有重要人脉。倘若法办这样一位天下名士，恐怕会有损萨摩藩的名声。基于这样的考虑，藩厅才下达了这个"比较有人情味"的命令。

接令后，西乡回复道："恭谢，我必从令。"但大久保当时却持不同意见，他向西乡建议道："私以为，大岛之行，作罢为妙。你可逃往肥后（肥后位于如今的熊本县内），求长冈监物大人，予以藏身之所。大岛乃偏远之地，若往，何以知天下之情势？"

但西乡却拒绝了大久保的提议，他回应道："你所言的确在理，然以我今之处境，若取此策，为徒劳之拼、无谓之举也。我已决，将此身托于天命。"

西乡的口气异常平静，但话语却掷地有声。从他身上，大久保感受到了一种难以名状的气场，于是也不再多说什么了。此时的西乡已经到达了一种境界——心无挂碍，无欲则刚。

1859 年（安政六年）1 月，西乡动身前往奄美大岛。登岛后，他途经名濑，于 1 月 12 日到达龙乡。他起初寄住在龙左民的家中，此人在岛上颇有势力。后来又搬至一处空房，开始了自己做饭的独居生活。

西乡一开始无法习惯奄美大岛的生活。岛上居民对他敬而远之，他也对岛上的风俗颇为不解，迟迟无法和周围人打成一片。

但随着时间的推移，西乡渐渐融入了这片陌生的土地。受龙左民之托，他还教岛民的孩子读书写字。大家也自然而然地对他亲近起来。

也就在那段时间，西乡娶了龙佐荣志之女於户间金为妻。其妻又名爱加那，"爱"字是西乡所起。第二年（即 1860 年，万延元年），爱加那诞下西乡的长子菊次郎。这名长子日后甚是了得，曾担任京都市长。而在长女菊草（菊子）降生那年，西乡的年俸已经涨至十二石。

在岛上住得越久，西乡对岛民的感情便越深。在奄美大岛的那段日子里，为了替岛民的诉求发声，他曾屡次上书藩厅。

当时，奄美大岛的岛民赋税沉重。如果有人无法交足年贡，便要受牢狱之灾，被藩内衙役拷问。西乡不忍目睹岛民生活之苦，于是开始思考对策。

他先是找到名濑的在番役（在番役是被派到偏远地区负责管理当地事务的官员。——译者注）相良角兵卫，要求其释放被逮捕的岛民，可相良并不理会。于是西乡又向见闻役木场传内（见闻役是一个官职名，负责督察和审判工作。——译者注）反映情况，总算使得被逮捕的岛民重获自由。经过这件事，岛民对西乡的敬爱之情更为深厚。

后来哪怕在回藩之后，西乡依然关心奄美大岛的民生，他多次上书藩厅，要求其改善岛民的待遇、选派清廉正直的代官（代官是日本江户时代的官职，负责管理辖地、征收租税。——译者注）。

就在西乡渐渐习惯岛上生活的时候，江户发生了震惊四方的大事——大老井伊直弼被暗杀，史称"樱田门外之变"。

久光与西乡的矛盾导致其被流放冲永良部岛

岛津齐彬死后，人称"忠义国父"的新藩主岛津久光实权在握，且颇有手段。面对以大久保利通为代表的"精忠组"，他并未强硬打压，而是采取怀柔之策。

当时的"精忠组"成员正在酝酿"脱藩（脱藩是指江户时代的武士脱离原属藩籍。——译者注）造反"的革命计划。通过怀柔政策，久光成功瓦解了该计划；另一方面，大久保也有自己的算盘：通过接近久光，他想参与藩政、影响藩策。

在这样的背景之下，"萨摩出兵京都"的计划逐渐成形。久光试图通过此举来提升自己在藩内的威望。久光深知西乡在中央政界颇有名气，再加上大久保的力荐，他决定召西乡回藩。

在移居奄美大岛的第三个年头，即1862年（文久二年）的2月11日，西乡终于回到了萨摩。

可让久光出乎意料的是，西乡居然彻底反对出兵京都的计划。至于为何反对，其原因之一是西乡的感情作祟。前面讲过"由良骚动"，而久光是由良之子，所谓"及其胥余"，西乡自然对他心生厌恶。

此外，"率兵上京"本是齐彬的凤愿，无奈其"出师未捷身先死"。齐彬在西乡心中的位置自不必说，可如今久光这个"乡下毛头小儿"竟然想效仿，西乡当然不看好他。

而对久光而言，西乡如此当面强烈反对，自然使他恼羞成怒。二人从此结怨。

久光最终驳回了西乡的反对意见，执意率兵进京。而在大久保的劝说下，西乡也随之东上（因为京都在萨摩的东边，所以去京都也可称为"东上"），并与村田新八一起驻扎在下关。之所以停留在下关，是因为久光命令他们在那里等待兵团的到来。

可就在下关等待的那段时间，西乡从平野国臣那里获得了重要情报——以萨摩率兵进京为契机，尊王攘夷派的志士们计划袭击拥护幕府的公卿和京都所司代（京都所司代是负责京都警备、司法、政务的官员。——译者注），并以武力反幕攘夷。

久光的目的是以朝廷和大藩侯为主导，推进幕政改革和公武合体〔公武合体是一种政治理论，其主旨是联合朝廷（公家）和幕府（武家），改造幕府的权力结构。——译者注〕；而西乡也不想以暴力革命的方式反幕攘夷。在得知该情报后，西乡开始担忧京都的状况。一想到志士们将要采取过激行动，他就坐立不安。为了制止他们，他无视久光"原地待命"的军令，与村田新八赶往大阪。

该举动彻底惹怒了久光，再加上有村俊齐对久光告密道："西乡在煽动上方（上方是江户时代对以大阪、京都为中心的畿内地区的称呼。——译者注）之志士。"最终，久光下令逮捕西乡。

西乡被押回萨摩后，受到了流放远岛（德之岛）的处分。这次与先前移居奄美大岛不同，属于发配之刑。西乡的身份是罪人，一举一动都要受到代官的监视，毫无自由可言。这样算来，西乡从奄美大岛重返萨摩后，仅仅过了四个月，他再次被发配到远方。

在等待处罚下达的那段时间里，奄美大岛的爱加那带着孩子来看他。能与心爱的家人再次团聚，哪怕只有片刻，也让西乡心生欢喜。

但好日子毕竟不长了，没过多久，西乡受到了正式的流放处分决定，发配地是冲永良部岛。该处分自然是久光授意，他在给家老的书简中写道："（西乡）虽死罪可免，然活罪难饶，令其流放远岛，至死不得回。"久光的憎恨之情可见一斑，他已不打算给西乡任何机会。

另一方面，西乡也对久光厌恶到了极点。木场传内是西乡在奄美大岛时结识的友人。在写给木场的信中，西乡对久光讽刺道："（久光）愚者之忠义，乃沽名钓誉也，应作罢。"二人的对立已是板上钉钉，无法调和。从此，西乡和久光一直水火不容。

与先前不同，西乡被流放至冲永良部岛后，受到的是囚犯待遇。他被关在和泊村的一处牢房中。牢房不但四处透风漏雨，而且只有四张半榻榻米大小（约为 7.4 平方米）。牢房的一角挖了个洞，摆上两根圆木，便算作厕所了。西乡整日整夜被关在里面，受着风吹、日晒和雨淋，一个月只能洗一次澡，整个牢房散发着恶臭。自不必说，伙食也是粗劣至极。在如此残酷的折磨之下，西乡日渐消瘦。

境遇凄惨的西乡骨瘦如柴、奄奄一息，多亏了岛民们的关照，他才得以延命。有个叫土持政照的差役，出于怜悯之心，他向代官谏言，要求为西乡在番所（番所是江户时代幕府和各藩在管辖范围内设置的地方监管机构。——译者注）新建狱舍。终于，西乡离开了半露天的牢房，住进了四周有墙的禁闭室。

在禁闭室内服刑期间，西乡结识了书法家川口雪篷，并向他请教书法和汉诗。与此同时，西乡也充当着老师的角色，他一边教岛民读书认字，一边向他们借阅书籍。在十分有限的条件下，西乡犹如汲取知识的海绵，凡是能得到的书，他都如饥似渴地研读。

在给岛上的孩子们上课时，中国的四书五经是西乡的主要教材。有一次，他在课上提问："若想一家和睦，当为何？"一名努力学习的好学生立即回答道："君臣有义，父子有亲，夫妇有礼，兄弟有情，朋友有信。"

这是基于儒教"五伦五常"的标准答案。一个孩子能如此迅速地脱口而出，已经非常难得了，但西乡却点评道：

"的确如你所言，若依五伦五常之理，自然毫无谬误，然此仅为授业之学说，若践行，何其难也。话虽如此，然有一法，人人可即践行之，有人知否？"

在场没有一个学生答得出来。

见状，西乡只点拨了一句："去欲。"

如果每个人都能抛弃过多的私欲，便能雨过天晴、海阔天空。所有问题和冲突，皆因过多的欲望而起，如果每个人都能有哪怕一点点"甘愿吃亏"的觉悟，如果每个人都能有哪怕一丝丝"谦让给予"的勇气，一切便都能迎刃而解。就是这么简单，就是这么明了。

去欲、至诚、爱人。西乡日后的座右铭"敬天爱人"便源于此。投水自杀失败，流放囚禁于冲永良部岛，这两次徘徊于鬼门关的濒死体验，让西乡犹如浴火重生的凤凰，使其得以克服苦难、超越自我、直面灵魂、升华思想，最终修得大境界。

一连串的命运考验，加上刚到冲永良部岛时的凄惨境遇，让西乡的志气、勇气和无私之心都得到了锤炼，使其拥有了坚不可摧的信念。换言之，西乡的"敬天爱人"是生死考验的产物，是实践体会的心得，这也是它能够打动后人的原因。

五年后，西乡获得赦免，再次回到萨摩。从此以后，他以"实现维新"为目标，不断向前迈进。

立志改革"旧体制"的岛津久光

1862 年（文久二年）3 月 16 日，岛津久光与其亲信（小松带刀和大久保利通）一起，率领一支大约千人的部队，从萨摩出发。4 月 16 日，他们到达京都。前面讲到西乡因抗命被抓，该事件正好发生在久光抵京之前，也就是 4 月 9 日。同月 11 日，作为罪人，西乡从大坂被押送回萨摩。

久光向朝廷请愿，上奏了建白书。孝明天皇采纳了其部分内容，并下旨准奏。5 月 9 日，在萨摩方面的护送下，敕使大原重德奉诏前往江户，将圣旨交于幕府。旨意要求幕府任命一桥庆喜为将军后见职（将军后见职是辅佐年幼将军的职位。——译者注），任命松平庆永为政事总裁。

这等于是朝廷命令幕府实施改革，该事件被称为"文久改革"。然而，这一影响日本历史的重大决定，却是在完全无视西乡意见的情况下做出的。

在去江户之前，久光费尽心机，总算安抚住了聚集在寺田屋的精忠组过激派，包括以有马新七为代表的激进藩士。成为国父后，久光便开始拉拢精忠组。可以说，他与精忠组的"交情"算是比较久的。

他先是提拔大久保等人作为亲信，然后诱劝精忠组放弃"脱藩直谏"的主张，作为交换，他承诺以出兵的方式督促幕府改革，这便是上面讲到的"率兵进京"。

但以有马为代表的精忠组过激派却与各藩的尊王攘夷派志士（真木保臣、清河八郎等人）携手，计划"夺回孝明天皇"。

4月23日，久光派奈良原喜八郎（奈良原繁）等人前往寺田屋游说过激派，可有马等人却不予接受。谈判失败的结果是动武，藩士与精忠组成员刀剑相向，残酷非常。这场冲突直接导致8名过激派志士死亡。

久光之所以肃清过激派，其心结还是在西乡身上。当时，过激派并不看好久光和大久保所提倡的"公武合体论"，而是对从奄美大岛回归的西乡抱有期待。久光之所以后来将西乡流放至冲永良部岛，很大程度是仇恨和害怕过激派对他的支持。

再看精忠组的八大核心成员，他们的意见并不统一，既有"开国派"，也有"攘夷派"。而西乡的基本主张是"尊王"，对于"开国"和"攘夷"，他采取"兼容并包"的态度，因此精忠组成员都信任他、看好他。

上文提到的流血肃清事件，在史学上被称为"寺田屋骚动"，其导致了精忠组的分崩离析。而久光则因此得以扫除过激派的阻碍，将藩内的改革思想统一为"公武合体论"。

通过"文久改革"，久光在幕政改革方面取得了一定的成果。同年8月，他回到了萨摩。

当时，朝廷倾向于土佐藩和长州藩的"尊皇攘夷论"。对于久光凭借单方面军事威胁而实现的幕政改革，上述两藩颇为不满。在两藩的重臣看来，西乡的"合从连衡〔即"合众弱（各藩）而攻一强（幕府）"之意〕论"更为合理。只可惜，当时的西乡受到了流放远岛的处分，已非自由之身。

于是乎，萨摩藩与土佐藩、长州藩在朝廷上保持对立，双方的矛盾焦点是"开国"和"攘夷"。对于该问题，久光、大久保与西乡之间也是意见相左。

其实，在1862年（文久二年）这个时间点，久光和大久保的"公武合体论"已经完全落后于时代。该理论是 1858 年"安政大狱"前的产物，而幕府的势力已大大弱化，今非昔比，"公武合体"自然也已不合时宜。

同年（文久二年）8 月 21 日，发生了日本历史上有名的"生麦村事件"。骑马的一行英国人搅乱了久光的仪仗队，因而遭到藩士的砍杀，其中一名英国人死亡。

时任英国代理公使的尼尔要求萨摩藩交出肇事者并支付赔偿金，但萨摩方面断然拒绝，这导致萨摩和英国之间的矛盾冲突。1863 年（文久三年）7 月，"萨英战争"爆发。

在英国的猛烈攻击下，这场战争在短短三日内便告终。由于藩内主张和平的呼声日益高涨，萨摩最终答应支付赔偿金，并承诺抓捕和处罚肇事者。至此，萨英之间算是讲和了。正所谓"不打不相识"，在这一战之后，二者之间的关系日益密切，萨摩开始向英国采购军舰，还向英国派遣留学生。

再说回幕府第十四代将军德川家茂。前面讲过，他属于御三家的纪州藩，在权臣井伊直弼（后遭暗杀）的强推之下，总算坐上了将军之位。而在朝廷和久光的施压下，幕府任命一桥庆喜为将军后见职，松平庆永为政事总裁。

而对久光而言，萨摩藩的体制改革也是迫在眉睫。与幕府一样，他也应该任命自己的藩主后见职和政事总裁。原因很简单，日本的"德川幕藩体制"是一个整体，面对历史潮流，日渐崩坏瓦解的并非只有德川幕府。虽说各藩的情况存在差异，但大趋势是相同的——都在步入末期。

愚钝的将军、强硬的大老、昏聩的大名，这些都是政体崩坏的先兆，也是"旧体制"的象征。为了保护"旧体制"而立志改革旧体制的改良派，以建立"新体制"为目标的变革派，二者即便初期的步调相同，其思想的差异也会在日后逐渐显现。

久光虽不算昏聩，但却无法与贤明的齐彬相提并论。即便如此，他的直觉也发现了西乡身上的"变革者"气质。换言之，他潜意识中认为西乡是个会否定和打破现行体制的"危险分子"，这或许才是其让西乡流放远岛长达五年之久的真正缘由。

久光的挫折

西乡在冲永良部岛服刑的那段时期，日本各地的尊王攘夷运动更加升级，最激进的要数长州藩——通过炮击外国舰船等挑衅行为，使其在攘夷派中间树立了较高的威信。

再看当时的京都，以三条实美为代表的尊攘（尊王攘夷）派公卿、长州藩士久坂玄瑞、久留米藩士真木保臣等人大权在握。他们按天皇旨意，策划"大和行幸"（大和行幸是一种政治信号，孝明天皇试图通过参拜神武陵，向外界表明自己"讨幕攘夷"的意愿。——译者注）和"攘夷亲政"，甚至意图推翻幕府，可谓十分激进。

为了阻止过激派的行动升级，主张"公武合体"的萨摩藩和会津藩联手，于1863年（文久三年）8月18日发动了政变。

孝明天皇虽是攘夷主义者，但面对急速壮大的长州藩，难免心生疑虑，反而对主张稳定的会津和萨摩藩心生期待。

而这两藩则希望利用天皇的信任和支持，趁机一举扫灭尊攘派在朝廷的势力。为了达成此目的，他们拜托中川宫朝彦亲王和贺阳宫朝彦亲王从中斡旋，力图劝孝明天皇首肯。

8月17日，孝明天皇降下密旨，同意了萨摩和会津藩的请求。次日，两藩部队在御所（御所是对地位极高者的邸宅的称呼，一般指天皇的皇居。——译者注）门前严加把守，而中川宫则与会津藩主松平容保、公卿近卫忠熙、二条齐敬以及近卫忠房等人在御所内召开会议。会议决定，将尊攘派所策划的"大和行幸"延期，并禁止尊攘派公卿参朝和外出，还撤换了御所堺町御门的长州藩警卫。

以三条为代表的七名尊攘派公卿失势，只得离开京都，流落长州（史称"七卿落难"），而长州藩兵自然也撤出了京都。通过此举，萨摩藩成功扫除了长州藩和尊攘派公家在京都的势力。

但正所谓"得人心者得天下"，作为"开国派"，萨摩藩在京都和大坂的口碑很差，这使其虽在8月18日的政变中取得成功，却无法在中央政坛中获得较大的影响力。

再说回久光，从1862年（文久二年）3月至次年9月的将近一年半的时间里，他曾三度进京，其中要数 1863 年（文久三年）那次进京的阵势最大，滞留时间也最长——包括大炮部队在内，总计大约 1700 名萨摩士兵，足足在京都驻扎了半年。

以上述军事实力为筹码，久光力图构建朝廷、幕府和强藩大名的政治协商体制。于是，在他的倡议下，1863 年（文久三年）至 1864 年（元治元年）期间，"元治国是会议"得以召开。

为了参加元治国是会议，担任将军后见职的庆喜和将军家茂也一度上京，随行的还有幕府的三大老中。老中们发现，虽然该会议的主旨是"天皇圣意"，但背后的主推者其实是久光。

虽说"强藩参政"是会议的重要议题之一，但只有萨摩、越前和宇和岛三地的大名出席，被要求参加会议的土佐藩大名山内容堂始终缺席。"元治国是会议"最终失败，究其原因，主要有两点，一是会议未能实现制度化，二是萨摩凭借军事实力一家独大。

而对久光而言，该会议的失败，则意味着自身政治谋略的挫败，其直接导致公武合体论的破产。面对败局，他又无法构思出新政策和新愿景。

英雄终得用武之地

"元治国是会议"失败后，萨摩藩内，要求召回西乡隆盛的呼声日益高涨。其理由很简单——西乡在中央政坛颇有威望。面对人心所向，久光只得妥协，最终决定赦免西乡。

于是，在1864年（元治元年）2月21日，吉井友实和西乡的弟弟（西乡从道）前往冲永良部岛。接到西乡后，一行人次日抵达奄美大岛。西乡与妻子（爱加那）得以重逢，并度过了甜蜜却短暂的时光。2月26日，西乡动身前往萨摩。从此之后，他再未能与爱妻相见。

同月28日，西乡终于回到萨摩故土。到达之后，他首先前往岛津齐彬的墓地参拜。由于遭到长期囚禁，西乡脚力衰退，几乎是半走半爬才到齐彬墓前的。

回到萨摩后没多久，他便开始奔忙。3月14日，他抵达京都。四天后，他谒见久光。久光任命他为"军赋役（军赋役相当于军队的司令官。——译者注）兼诸藩应援负责人"。

4月18日，久光动身回萨摩。从获得赦免离岛算起，短短两个月的时间内，西乡便从一介囚犯变为萨摩藩在京都的实际代理人。

在远岛服刑期间，西乡与大久保等人一直保持着频繁的信息交流。当时的西乡身为囚犯，已无法影响天下形势，但他却怀着一颗希望再次为国献身的赤子之心。而当他以"萨摩代表"的身份再次踏上政治舞台时，其心境的复杂程度可想而知——既振奋激昂、踌躇满志，又自肃自省、冷静如冰。

他首先着手于改善萨摩藩在中央及各藩眼中的形象。他关注各藩的意见，避免对政界的强硬干预，并且为了搞好与长州藩的关系而酝酿策略。

但事与愿违，就在西乡重新参与藩政后不久（6月5日），发生了"池田屋事件"（池田屋事件是1864年发生在京都的政治袭击事件，新选组突袭一家名为池田屋的旅店，砍杀和抓捕了多名尊王攘夷的长州藩激进派人物。——译者注），这完全打乱了他的计划。该事件后，针对京都尊王攘夷派的打压进一步升级，而长州藩方面则非常气愤，乃至出兵进京，以示抗议。

面对长州藩的过激行为，西乡先是静观其变，但无奈冲突升级，于是在同年 7 月发生了"禁门之变"（禁门之变又称蛤御门之变，以"抗议申诉"的名义出兵京都的长州藩与试图阻止长州军入京的会津藩、越前藩、桑名藩和萨摩藩等藩兵在京都御所西侧的蛤御门发生战斗，以长州军的战败而告终。——译者注）。萨摩藩联合大垣藩、会津藩、越前藩等藩军组成"讨伐军"，试图镇压长州军。在蛤御门附近，长州藩与会津藩陷入了死斗般的激战。之后，西乡率萨摩军加入战团，最终得以击退长州军。

经此一战，萨摩与长州之间的关系彻底决裂。长州藩称萨摩和会津为"萨奸会贼"，可见仇恨之深。

由于长州军在"禁门之变"中一直攻到了天皇的御所，因此被朝廷视为叛敌。幕府决定讨伐长州藩。1864 年（元治元年）7 月 23 日，幕府获得了朝廷的许可。次日，幕府发布"追讨令"，命令各藩出兵响应，这便是"第一次长州征讨"。西乡由于在之前的战斗中表现英勇，还中弹负伤，因此被任命为"征讨长州军"的参谋。

再看作为征讨对象的长州军，其于 1863 年（文久三年）在下关炮击美国商船，恶化了与西方列强之间的关系。作为报复，同年 8 月 5 日，英法荷美四国联合舰队进攻长州，在短短三天内，长州军便一败涂地。此战导致其元气大伤，已无力对抗幕府率领的征讨军。

很显然，这是幕府征伐长州的绝好机会，可幕府却一反常态，迟迟不采取行动。与此同时，身为参谋的西乡则主张积极开战，给长州藩一个深刻教训。但正所谓世事难料，一场邂逅，彻底改变了西乡的想法。他所邂逅的人名叫胜海舟。

邂逅胜海舟与第一次长州征讨

上面说道，在长州征讨中，幕府坚持按兵不动，西乡对此则极为不满。于是，在1864年（元治元年）9月11日，他找到胜海舟，与其会谈。胜海舟时任神户海军操练所总管，是幕府的重臣。

会谈在大坂举行。通过此次会谈，西乡了解了幕府的详细内情。当时，萨摩藩力荐一桥庆喜担任长州征讨军的总督，但不希望庆喜扩大影响力的反对派老中却从中作梗，拒绝其任职。这种"窝里斗"的内耗，才是导致长州征讨迟迟无法实现的真正原因。

听了海舟的真言吐露后，西乡先是感到吃惊："面对国之大事，（他们）竟如此……"然后觉得失望至极，其对幕府的信任感也降到冰点。

而海舟则说道："幕府已不足恃，唯枭雄之藩与将军合力，方乃运筹国政之道也。"该提议在西乡的心里种下了种子。

通过会谈，西乡对胜海舟大为尊敬，并转变了先前"必须讨伐长州"的顽固思想。同样，海舟也感受到了西乡的大气，对其赞赏有加。

会谈结束后，西乡开始与土佐藩的脱藩浪人坂本龙马、中冈慎太郎频繁会面。随着与他们的交往加深，"讨幕"的想法逐渐在西乡心中抬头。

日后，萨摩之所以能与昔日仇家长州藩结盟，也缘于西乡与上述浪人的交好。通过上述一系列邂逅，西乡的脑中已然拨云见日，一条"讨幕之路"在他心中酝酿而成。

顺便提一下，坂本龙马初次见到西乡时，曾对胜海舟吐露他对西乡的第一印象：

"西乡其人，甚难捉摸。且以吊钟为喻，轻敲之则轻鸣，重敲之则重鸣。若为愚者，则大愚；若为智者，则大智。"

换言之，龙马也感受到了西乡身上与众不同的气质。

说了幕府的内情，那么当时（1864 年）长州藩的内情又如何呢？当时，长州藩内部分裂为两派——主张恭顺幕府的

"俗论派"和主张抗争到底的"正义派",两派之间的权力斗争反反复复。其中,"正义派"的代表人物有木户孝允、井上馨、高杉晋作、伊藤博文等。

与胜海舟会谈后,西乡不再倾向于武力讨伐长州藩,转而试图以稳妥的方式予以处罚。他希望以支持"俗论派"的方式,避免与长州军开战。于是乎,他任命高崎五六为说客,派其前往长州藩的支藩——岩国领。高崎受命谒见岩国领主吉川经干,一番谢罪后,他传达了和平解决冲突的建议(长州恭顺,幕府撤军),并进行了一番交涉。

同年 10 月 22 日,幕府军在大坂城召开军事会议,制定了进攻长州的日程。10 月 24 日,西乡谒见幕府军总督德川庆胜。经过一番劝说,庆胜接受了西乡的策略——以怀柔之计,促长州恭顺。

既然获得首肯,西乡便立即赶往岩国。11 月 3 日,他与吉川经干会谈,告知了幕府军暂缓军事行动的条件:惩罚"禁门之变"的责任人——三名长州藩家老和四名参谋。这使得两派分立的长州藩内意见纷纷、混乱非常,但最终还是"俗论派"掌握了话语权。于是乎,相关家老等人被处刑,战争得以避免。

接着，为了妥善处理长州藩的遗留问题，西乡又四处奔忙。德川庆胜开出条件，长州藩必须做到三条："长州藩主毛利父子书面谢罪""交出五卿（三条实美等五名重臣）""拆毁山口城"，幕府才会真正撤军。对于第一条和第三条，长州藩方面很快便兑现了，唯独第二条（交出五卿）却迟迟未能实行。

为了说服反对势力，西乡于 12 月 4 日到达小仓，当时来见西乡的是中冈慎太郎。中冈起初的目的是借机刺杀西乡，却被他的主张和理念所感动，于是放弃敌意，并答应帮助西乡说服反对势力。

12 月 11 日，西乡到达下关，与长州藩士高杉晋作和山县有朋等人会谈。在西乡拼命规劝之下，对方同意各让一步，将"交出五卿"的条件改为"将五卿从下关转移至筑前"。

12 月 27 日，幕府撤兵后，第二年（即庆应元年，1865 年）1 月，按照约定，五卿被移送至筑前。至此，长州征讨一事便画上了句号。值得一提的是，与西乡达成协议的"正义派"虽然避免了与幕府军的冲突，却在长州藩内发动内战，举兵扫除了"俗论派"的势力。

龙马谋划《萨长提携六条密约》缔结

再说回 1864 年（元治元年）10 月，也就是长州征讨发动前不久，当时的坂本龙马陷入了困境。其所任官职为神户海军操练所的塾头，而操练所塾生参与池田屋事件和禁门之变的消息已经败露。为此，操练所总管胜海舟接到江户方面的召回令。这使所内顿时议论纷纷，大家担心操练所会就此关闭。

龙马已经是脱藩的浪人，如果操练所被关，他就失去了容身之地。而在塾生之中，与其境况相似者亦不少。而作为总管的胜海舟也十分担忧和关心他们这些人的出路。于是在奉命前往江户前，海舟特意去见了萨摩藩家老小松带刀，拜托其保护塾生。

对萨摩而言，这并非单纯的卖人情，凭借掌握专业知识的塾生们，萨摩藩试图重振曾在萨英战争中惨败的海军。换言之，双方利益一致。于是，萨摩藩接收了 30 名操练所塾生，而坂本龙马也一同受到了萨摩方面的庇护，藏匿在萨摩藩位于大坂的屋邸之中。

此举使得萨摩藩与龙马等塾生之间建立了良好的关系。也正因为如此，日后龙马在长崎设立龟山社中（龟山社中是由坂本龙马组建的浪人结社，具有商社性质，为海援队的前身。——译者注）时，萨摩方面也出手相助。

再说回当时的西乡，其感情生活方面发生了很大变化。1865 年（庆应元年）1 月 28 日，他与家老的座书役（座书役是指管办文书的官吏。——译者注）岩山八太郎（直温）的次女——系子结了婚，这是他人生中的第三段婚姻。

换言之，前面提及的爱加那并非西乡的第一任妻子。早在 1852 年（嘉永五年），当时 25 岁的西乡便与伊集院兼宽的姐姐成了婚，但妻子娘家对西乡的贫苦境况实在看不过去，要求自己的女儿与西乡离婚。结果，短短两年后，二人便结束了这段婚姻。

再说回 1865 年的西乡，在结婚四个月后（即 5 月），他与大久保合力，反对幕府再度征讨长州的意图，并团结一切可以团结的势力，成功营造了"拒绝出兵"的舆论环境。但幕府却不肯作罢，不但试图反悔先前的撤兵承诺，还打算率兵进京。

此时，西乡的心中已然做好了与幕府对决的准备，他在给小松带刀的书信中写道："幕府气数将尽"。

西乡回到萨摩后，中冈慎太郎前来拜访。此时的中冈希望集结强藩之力，实施讨幕行动。为了达成该目的，他认为必须让萨摩藩和长州藩实现和解。

为了让两藩"破冰"，中冈力劝西乡前往下关，与长州藩的桂小五郎（后来的木户孝允）会谈。与此同时，中冈志同道合的伙伴坂本龙马也积极行动，试图说服桂小五郎。在龙马苦口婆心的谏言之下，桂小五郎终于同意与西乡进行磋商。

5月15日，桂小五郎前往位于下关的会谈地点，可西乡却未作停留，而是途经下关，赶往京都。之所以这么做，是因为他收到了大久保的消息，得知幕府正打算再次征讨长州。为了阻止这一切，他只得缺席会谈。但在桂小五郎看来，此举使他颜面扫地，因而怒火中烧。

多亏了龙马和中冈的拼命解释和安抚，桂小五郎总算同意与西乡下次再谈，但他开出了两个条件。其一，由于萨摩方面失礼在先，因此必须派使者前来致歉，并主动提出和解；其二，由于已成朝廷眼中之敌的长州藩无法与西方通商，因此希望借萨摩的名义采购洋人的武器。

为了修复"萨长关系"，龙马成立了龟山社中。该组织以萨摩的名义，从英国的 Glover 商会那里采购枪炮、军舰等武器，然后再偷偷地转卖给长州藩，等于充当了一个"灰色中介"的角色。

之后，见时机成熟，西乡便派使者前往长州。由于兑现了桂小五郎提出的两大条件，长州方面的态度渐渐软化，最终同意再次举行会谈。

1866 年（庆应二年）1 月 8 日，萨长两藩正式开展和解对话。

会谈地点定在位于京都二本松的萨摩京都藩邸。长州藩的代表有桂小五郎、品川弥二郎、三好重臣等人；萨摩藩的核心代表是西乡和小松带刀，而大久保利通、桂久武、吉井友实、奈良原繁等人也出席了。

西乡等人连日摆酒设宴，将桂小五郎等人奉为上宾，但对于关键的和解方案，与会者却都闭口不提。就这样，会谈在毫无进展的情况下持续了十多天。原因很简单——双方都顾及自己的脸面，不愿先开口求和。

打破该胶着局面的人是坂本龙马。1月20日，他到达萨摩藩邸，在得知双方仍未协议和解后，大为吃惊。

经过一番询问，桂小五郎私下对他说："长州已成朝廷之敌，陷孤立之地。若我方主动提出和解，则等同求助于萨摩，实不能为。"为了推进会谈，龙马向西乡及大久保等人说明了长州方面的实情及为难之处，为了让萨摩方面先开口求和，他劝说道："萨长两藩若和解，则乃日本国之幸，勿拘于恩怨私情。"

西乡对此表示赞同，于是萨摩方面率先"破冰"，向长州代表们提出了结盟的申请。1月21日，西乡、小松与桂小五郎等人转至小松带刀的宅邸，展开了实质性的会谈。终于在"六条密约"的基础上建立了"萨长同盟"，而龙马则作为在场的见证人。

此次结盟加速了幕末政治形势的变化，追求新体制的变革者们摩拳擦掌，一场维新运动正式开始了。

萨摩对抗幕府的第二次长州征讨

萨长同盟结成后，西乡建议萨摩改革藩政、扩充海军，久光对此表示同意。于是，在西乡、小松带刀和桂久武等人的主导下，萨摩开展了政治改革，各机关招收大批新人才，军队则引入了英式编制。

与此同时，刚从英国学成归来的五代友厚被聘为藩内的会计负责人。此人日后十分了得，在明治时期，他活跃于政坛和商界，建立"大阪工商会议所"，大力振兴了大阪的地区经济。

通过上述举措，萨摩惜时如金地养精蓄锐。另一方面，幕府则蠢蠢欲动，打算再次征讨长州。1865 年（庆应元年）9 月 22 日，将军家茂率 6 万大军进京，要到了出兵长州的圣谕。不仅如此，幕府还命令萨摩出兵同征。

此时的萨摩已与长州缔结了密约。因此在 1866 年（庆应二年）4 月，萨摩向幕府提交了"拒绝出兵"的正式文书。

本以为此举会导致"第二次长州征讨"延期，可出人意料的是，就在同年 6 月 7 日，幕府便悍然开战——总计 10 万人的浩荡大军，从四面八方包抄长州藩。

与之相对，迎击的长州军只有寥寥 3500 人左右。论人数，长州明显处于劣势，但多亏了萨摩藩和龟山社中的协助，使得长州军拥有当时最先进的武器装备，因而士气高涨。其中，由高杉晋作创建编成、山县有朋负责操练的"奇兵队"格外意气轩昂，这支部队的成员都不是武士出身，因而更渴望取得战绩。

再看幕府军，不但武器老旧，而且由幕府直系军和各藩藩军临时拼凑而成。尤其是各藩藩军，完全是被逼参战，因此斗志极低。正所谓"两军相逢勇者胜"，在这样的情况下，长州军捷报频传，在各个战区创造了以少胜多的奇迹。

双方交战期间，幕府方面传来了意外的噩耗：7 月 20 日，第十四代将军德川家茂突然暴毙。为了稳定军心，幕府方面起初封锁了家茂的死讯，但随着 8 月 1 日的"小仓陷落"，幕府军首脑层最终决定逐步撤兵。

幕府先是要求朝廷方面下旨休战，然后于 9 月 2 日停止了除小仓口以外所有战场的进攻，最后于次年（1867 年，庆应三年）1 月撤出了最后的战场——小仓口。

刚才提到，由于将军家茂在第二次长州征讨期间突然死亡，因此一桥庆喜理应成为德川本家的继承者。但庆喜却执意拒绝，直到家茂死后的第五个月（1866 年，庆应二年 12 月 5 日），他才同意担任幕府的第十五代将军。

而在庆喜就任将军的短短 20 天后（12 月 25 日），孝明天皇突然驾崩。皇位后继者为睦仁亲王（后来的明治天皇），当时只有 16 岁。

回顾历史，"家茂暴毙"可谓第二次长州征讨中止的直接原因，但长州藩的猛烈抵抗亦可圈可点，战局一直在朝着对长州军有利的方向推进。由此可见，对幕府方面而言，第二次长州征讨是彻底失败的。

而这次失败不但大大削弱了幕府的实力，也使其陷入绝境。为了在与幕府对抗时占据优势，1867 年（庆应三年），萨摩藩联合其他强藩，召开了"四侯会议"。所谓"四侯"，即四大强藩的代表，他们分别是土佐藩的山内容堂、越前藩的松平春岳、萨摩藩的岛津久光和宇和岛藩的伊达宗城。会议于同年 5 月召开，但与会各方意见各异，最终无法调和，"四侯会议"以失败而告终。

与此同时，在西乡的主导之下，在萨摩藩内有关倒幕行动的准备正在如火如荼地进行。同年 5 月，西乡与武力讨幕派的土佐藩代表乾退助（后来的板垣退助）会谈，缔结了《讨幕密约》（又称《萨土密约》）；同年 6 月，西乡向长州藩的山县有朋表明了倒幕的决心，并缔结了《萨长同盟之约》。

1867 年（庆应三年）9 月，久光的四儿子珍彦率兵千人，一路行至大坂。之所以这么做，是为了给举兵讨幕做准备。自不必说，其背后的"军师"便是西乡。此时的西乡已然定好武力讨幕的决定性路线，可谓"万事俱备，只欠东风"。在这样的大环境下，当时的历史洪流也随之转为幕府的对立面。而作为其核心的"弄潮儿"，自然非西乡莫属。

此时的西乡刚好 40 岁，距其离世还有 10 年。回顾其之前的人生，度过贫苦辛劳的青年时代，又经历投水自杀失败和两度远岛流放，然后为了兼济天下而四处奔走。可见，对他而言，过去的 10 年可谓跌宕起伏。而其人生的最后 10 年则更为波澜壮阔，历史进程宛如汹涌的浪涛，将西乡吞没其中。

第三章

西乡隆盛·从『维新英雄』到『叛变之徒』

从幕末志士、维新元勋到叛徒——俯瞰西乡隆盛大起大落的一生☺

从《王政复古号令》到鸟羽伏见之战

本章将介绍西乡从《王政复古号令》到戊辰战争的维新功绩，也会讲述其强推废藩置县、在征韩论中失势、最终自决于西南战场的命运转折。

先说一下废藩置县，对西乡而言，其于1871年（明治四年）毅然推行的废藩置县，标志着明治维新的真正完成。

换言之，废藩置县是西乡一贯主张的"倒幕政策"的终极目标。而为实现该目标而"奠基铺路"的，也正是西乡本人。1870年（明治三年）12月，西乡向岩仓具视和大久保利通提出"设立御亲兵"的想法；次年（1871年）2月，通过"三藩献兵"（萨摩、土佐和长州三藩献给天皇的士兵，编制为"御亲兵"，即直属于天皇的近卫部队。——译者注）的方式，天皇拥有了自己的武装力量。可以说，创立御亲兵是推行废藩置县的前提和基础。后来这支近卫部队发展为"官军"，并在戊辰战争中取得胜利。

通过废藩置县，德川幕府和明治国家有了根本性的区别。在废藩置县前，各领主拥有自己的领地、家臣和臣民，整个日本由一个个小的独立王国组成，是一种典型的封建分藩制度。这种体制始于 12 世纪末的镰仓时代，维持了将近 700 年之久。但随着废藩置县的实施，该体制在一瞬间瓦解。至此，日本踏出了成为中央集权国家的第一步。

所以说，要想真正解读第 3 章的内容，就必须把握"废藩置县"这个核心词。以废藩置县为分水岭，"明治日本"被割裂为前后两个截然不同的时期。希望各位读者朋友能够先记住这点。

再说回 1867 年（庆应三年）9 月，当时的日本存在"激进"与"保守"两派，还有一帮摇摆于其中的"中间派"。保守派的核心是德川幕府，其代表是十五代将军德川庆喜；与之相对，激进派的核心是萨摩与长州，其代表是计划武力倒幕的西乡。再看中间派，其核心是土佐藩，以坂本龙马、后藤象二郎及藩主山内容堂为代表。此外，越前的松平春岳也属于中间派。

前面提到的"萨长同盟"，其最初是激进派与中间派双方合作的产物。但后来，中间派的立场发生了变化，他们逐渐认为，最应避免的情况是"欧美列强在日本内战爆发时乘虚而入"。在该思想的驱使下，中间派最终与保守派结盟。于是，同年9月，土佐藩抛出了《大政奉还建白书》（该文书的主旨是让幕府方面主动交权于天皇，从而避免武力冲突。——译者注），但西乡却不为所动，坚持着他的武力倒幕路线。

10月14日，在岩仓具视的暗中活动之下，朝廷方面下达了讨幕的密旨。当日，大久保利通与长州的广泽真臣在正亲町三条的宅邸接旨。有该密旨作背书，萨摩和长州的讨幕行动便得名正言顺了。

然而，就在密旨下达的同一天，庆喜上奏明治天皇，申请奉还大政，交权于朝廷。幕府这种"主动交权，服从中央"的做法，剥夺了讨幕派"出师有名"的正当性。为了打破庆喜的自保计划，萨长同盟又指责其坐拥"征夷大将军"之位，试图以此为由，发兵讨幕。可庆喜也非泛泛之辈，在察觉萨长两藩的意图后，他立刻于10月24日请辞征夷大将军一职。

大政奉还后，"诸侯会议"成了代表性的新政权体制。虽然庆喜已交权并辞去将军一职，但他和亲德川派公家依然在朝廷拥有极强的话语权。在这种情况下，即便召开诸侯会议，也只会沦为庆喜等"德川党"的一言堂，与之前并无甚差别。

为了打破该困局，以西乡和岩仓为代表的讨幕派决定将"亲德川派"从朝廷中清除出去。为了实行该计划，萨摩与长州、芸州藩（广岛藩）缔结了出兵协定。按照协定，萨摩藩于11月出兵，而长州藩兵也随之向大坂进发，芸州藩兵亦跟进。

12月9日，萨、长、芸三藩的部队包围了天皇御所，而岩仓则在宫内上奏劝谏。在外部压力和内部劝诱的"软硬兼施"下，天皇终于应允了讨幕派的诉求。于是，在天皇出席的正式场合下，《王政复古大号令》得以颁布。这标志着以西乡为代表的讨幕派掌握了新政体下的主导权。

于是，诸侯会议得以正式召开。初次会议的主题是讨论庆喜的"辞官纳地"问题。即没收庆喜的领地（年粮食收成达四百万石），以此作为新政府的财源，并且完全剥夺庆喜残存的军事实力。

对此，亲德川家的山内容堂表示抗议，认为不让庆喜出席会议是不义之举，而松平春岳也对容堂的主张表示赞同，但岩仓和大久保等人则驳回了容堂的诉求，并宣布进入会间休息时间。而在会议再次开始时，岩仓则在怀中藏着小刀，表情凶狠地盯着容堂。在这样的恐吓下，容堂不敢再发言。

与此同时，西乡则纠集江户的浪士，故意让他们在城中暴动。此举激怒了庄内藩，在幕臣小栗忠顺的批准下，庄内藩兵放火烧掉了萨摩藩的江户宅邸。"浪士暴动事件"使得旧幕府军下定了"倒萨"的决心。他们哪里知道，自己完全中了西乡的计——武力讨幕终于"师出有名"。

至此，旧幕府军与新政府的武力冲突已不可避免，于是爆发了戊辰战争。对庆喜个人而言，本希望通过避免战争来换得自己在新政府中的官职，但受到萨摩蓄意挑衅的幕府军已成脱缰野马，连他也无法逆转。而对西乡而言，这简直求之不得。于是乎，在 1868 年（庆应四年）1 月 3 日，鸟羽伏见之战爆发。

当日，朝廷收到幕府出兵的报告后，立刻召开了紧急会议。大久保在会上主张"天皇应赐锦御旗，并昭告天下，征讨德川"。而松平春岳则表示反对，强调"此乃萨摩藩、旧幕府两方之私斗，中央政府不应参与其中"。众人意见不一、争论不已。最终，负责议定的岩仓赞成征讨德川，幕府军正式成为"国家公敌"。

再说回鸟羽伏见之战，西乡在听到鸟羽战场的第一声炮响时，兴奋地说道："闻鸟羽之炮声，甚悦；纵有百万伙伴，未若此悦也。"

而庆喜依然想要挽回局面，他瞒着同伴，从战地（京阪地区）偷偷前往江户。其目的很简单——向新政府表明恭顺的态度。

但战火熊熊，逐渐蔓延至东北、北陆和虾夷（北海道）地区。在不断扩大的战局下，西乡一直与萨摩军共进退。1868 年（庆应四年），他被任命为东征大总督府下参谋。

到了戊辰战争后期，以萨摩、长州和土佐三藩为核心的新政府军（也称官军）与旧幕府势力及奥羽越列藩同盟（奥羽越列藩同盟包括奥州、羽州及越州的诸藩。——译者注）正面厮杀。一直到 1869 年（明治二年）5 月的"五稜郭开城"（五稜郭是江户幕府建造的一所星形要塞，位于北海道。——译者注），战争才算结束。

江户无血开城

在鸟羽伏见之战打得正激烈时，德川庆喜却从战场逃往江户。而这也未能避免其成为朝廷之敌。1868 年（庆应四年）1 月 7 日，新政府发布了"德川庆喜追讨令"。

1 月 12 日，庆喜回到了江户城。23 日，他命令会计总裁大久保一翁和陆军总裁胜海舟统管德川家的事务，并实行恭顺朝廷的政策。

此外，庆喜还命令江户城大奥总管天璋院（笃姬）牵线搭桥，向新政府及大总督府求情，以保全德川家和自己。

再看新政府军，其兵分三路，分别从东海道、东山道和北陆道向江户发起进攻。他们把攻城日定为 3 月 15 日。2 月 15 日，东征军便从京都出发。

东征军朝着江户一路行军。而在庆喜的授意下，幕府军的精锐部队队长山冈铁舟（铁太郎）来到位于骏府城的大总督府。3 月 9 日，山冈与西乡见面。双方会谈后，西乡向山冈开出了"七大停战条件"。

该七大条件如下：

①把德川庆喜交给备前藩；

②开江户城；

③交出所有军舰；

④交出所有武器；

⑤把庆喜家臣软禁至向岛；

⑥严查庆喜实施暴行的帮凶，并予以处刑；

⑦一旦发生难以收拾的暴乱，由官军出面镇压。

对于上述七条，山冈接受了其中六条。唯独对第一条，他表示无论如何都难以接受。对此，西乡反复强调："此乃朝廷之命。"而山冈则回应道："你我皆为侍主之人，若他藩命你交出岛津主君，岂能诺乎？"这句话说到了西乡的心坎上，于是他答应让步，暂且搁置第一条。

接着，3 月 13 日，德川家的最高负责人胜海舟、大久保一翁与西乡举行了为期两天的会谈，双方围绕着"江户开城"的问题，进行了一系列的交涉及磋商。第一天（13 日）

的会谈地点在高轮的萨摩藩邸，第二天（14日）的会议地点在田町的桥本屋。

对于西乡方面的"七大条件"，胜海舟提出了"酌情折中"的建议，包括"让庆喜待在水户，限制其外出"以及对幕府在各方面宽大处理。对他而言，这样的"讨价还价"已是最后一搏。因为此时的官军已经布好了"江户城包围网"，而胜海舟也做好了拼个鱼死网破的准备，一旦谈判破裂，江户城可能化为一片焦土。

西乡信任胜海舟和大久保，于是决定中止原定于次日（15日）进攻江户城的计划，并答应将二人的诉求转告京都朝廷。对于第一条的分歧，后来又经过数次谈判，终于在4月4日，大总督府与德川宗家之间达成了最终协议——庆喜死罪可免，活罪难饶，将其软禁于水户。

该协议之所以能够达成，既有"时局"的客观因素，也有"干预"的主观推力。前者是当时在关东地区逐渐升级的反政府暴动，后者是时任英国驻日公使的帕克斯所施加的压力。

于是，江户"无血开城"，大总督府接管了该行政区。

但由于彰义队（彰义队由幕府委任，负责维持江户的治安。——译者注）不满于新政府对庆喜的处置，因此开展了武装抵抗，史称"上野战争"。在这场战役中，西乡坐镇战况最为激烈的黑门口，亲自指挥萨摩军作战。最终，彰义队被全部歼灭。

顺便简单提一下英国公使帕克斯的施压。他当时引用了拿破仑的例子——其让整个欧洲陷入战火，却依然只被流放而已；可新政府却欲置态度恭顺、处事谨慎的庆喜于死地。这让帕克斯甚为气愤，指责新政府违反《万国公法》。

西乡得知了帕克斯的不满后，于3月28日前往横滨，与其会面。他向帕克斯说明了事情的原委及新政府的方针，最终获得了对方的理解。而就在西乡造访帕克斯的前一天，胜海舟就已经与帕克斯谈过。胜海舟传达的意思与西乡类似——新政府已经允诺，只要德川家放弃抵抗，绝对恭顺于新政府，便能在多方面得到宽大处理。

维新政府迷途幼犊

从《王政复古号令》到鸟羽伏见之战的这段时期，维新政府建立了"两院制"，即作为上院的"议定"和作为下院的"参与"。

"议定"成员包括亲王、公家以及松平春岳、岛津茂久、德川庆胜（尾张藩藩主）、山内容堂等藩主。"参与"成员包括岩仓具视等中下层公卿以及尾张、越前、安芸、土佐、萨摩五藩的家臣（各藩有 3 名家臣代表）。矛盾出在"参与"下院，中下层公卿身为朝廷官员，不满自己与"区区一介藩士"同级。于是，"参与"下院又被分为中下层公卿的"上参与"和各藩藩士的"下参与"。

在这样的议会系统之下，大久保利通和后藤象二郎等人在议院内的影响力十分有限。而打破该僵局的，便是萨摩、长州、土佐和芸州四藩的率兵进京。1868 年（庆应四年）1 月 27 日，新帝（明治天皇）出席了萨、长、土、芸四藩的藩军阅兵式，这使得藩士们在朝内的话语权迅速提升，最终促成了官军的组建。

再说回鸟羽伏见之战爆发前的情况。当时，"议定"成员中的越前、土佐藩主主张和平处置幕府问题，避免旧幕府与萨长军发生正面冲突。为此，他们建议剥夺幕府家主的将军头衔，让其以"德川藩藩主"的身份加入到新政权的管理层中，并召开包括德川藩在内的"全国大藩参政议事大会"。

但随着战争的爆发，越前藩和土佐藩方面的计划霎时化为泡影。于是，这些持中立立场、被称为"开明派"的藩主便退出了维新政府。

1869 年（明治二年）5 月，随着"五棱郭开城"，戊辰战争终于结束，但官军也随之"消失"。原因很简单，所谓"官军"，其实是朝廷向萨摩、长州和土佐藩的"借兵"。

同年 6 月，维新政府已手上无兵，其赖以维持的"家底"只有从旧幕府（德川家）那里征缴来的"400 万石"。这样一个一无军力、二无号召力的弱小年轻政府，根本无法统治全日本 230 个藩。

其实，维新政府早就预料到了这样的局面，为了摆脱困境，同年 5 月，其设立了公议所（后改称集议院），讨论维新政府的陆海军军费事宜以及各藩分担的额度。最初的提案是 18%——假如一个藩的财政收入为 10 万石，那么其向维新政府缴纳的军费便是 1.8 万石。

第一个站出来反对的是萨摩藩。而陈述反对立场的是西乡的军师伊地知正治。其他持反对意见的还有土佐藩的板垣退助、谷干城和片冈健吉等人。

更让人失望的是，230 个藩的代表好不容易齐聚一堂，但集议院却充斥着一股严重的保守思潮。先前制定的"四民平等"（"四民"是指士、农、工、商）及"文明开化"政策，几乎全被否定。具体来说，诸如"废除士农工商的贵贱等级，允许四民使用姓名"等原先的提案遭到废除，取而代之的是"唯武士有权使用姓名"的修正案。

虽然新政府在戊辰战争中取得了胜利，但这样的结果，不禁让人怀疑倒幕的意义在哪里，明治维新之路又在何方。至此，维新政府陷入迷途。

再看明治维新的最大功臣——西乡，战争结束后，他并未在中央政府身居要职，而是与萨摩兵一起打道回乡。1868

年（明治元年）11月，他回到萨摩藩，过起了每天泡温泉和打猎的闲适生活。

但这只是表面现象，西乡的心中其实充满了苦闷和纠结。萨摩军依然属于萨摩，维新政权依然是"光杆司令"，这与倒幕之前并无分别。自己率领萨摩士兵，以官军的身份推翻了幕府，然后又和萨摩士兵一同回到藩内。在藩兵心中，并没有"自己是朝廷官军"的意识。这让西乡不禁嗟叹："真之维新，诚未到来。"

回到萨摩后，在藩主岛津忠义的直接授意下，1869年（明治二年）2月，西乡负责参政，并晋升了阶级——成为西乡家的第一代寄合（高等级武士）。他努力改革藩政，并建立常备军。此外，戊辰战争后，一批建立战功却获赏甚微的下级萨摩武士非常不满，为了缓解他们一触即发的情绪，西乡还实施了一系列安抚政策。

同年5月，为了支持五棱郭之战，西乡率藩兵出航。可在到达函馆时，战争便已宣告结束，于是他只得掉头回藩。

6月，在归途中，西乡在东京做了短暂停留。由于在"王政复古大业"中有功，他获得了"永世二千石"的赏禄，并被要求留在维新政府，为朝廷效力。可西乡既没有接受赏赐，也没有留在朝廷，而是与萨摩藩兵一同回乡。后来，朝廷又封他为"正三位"（正三位是日本位阶与神阶的一种，位于"从二位"之下，"从三位"之上。——译者注），他又上书婉拒。

关于拒绝的理由，他在上书中写道："赏典俸禄，为国捐躯者不可得也；然我却得之，岂不谬哉？"

1870年（明治三年）1月，西乡辞去了萨摩藩的参政职务，改任"政务咨询"。同年7月，他又辞去了"政务咨询"一职，只负责处理一些实务。就在当月，身为集议院征士的萨摩藩士横山安武（森有礼的亲哥哥）做出了震惊朝野的举动——他写下批判政府的谏言书，并将其投至太政官正院门内后，以自杀表达诉求。

此事件令西乡大为触动。同年9月，他派出使者，劝说在中央政府任职的萨摩人（包括军人和各机关差役）回乡。原因很简单，维新政府已失去人心、陷入腐败，西乡害怕这种骄奢淫逸的官场恶习会污染萨摩同胞。

西乡的做法让维新政府有了危机感。12月，朝廷派正副御使岩仓具视和大久保利通前往萨摩，为的是说服西乡去朝廷任职。但西乡的固执可想而知，于是双方的交涉一度搁浅。好在当时的西乡从道（西乡隆盛的弟弟）已结束了欧洲考察之行，回到日本。在从道的劝谏之下，西乡终于同意助岩仓和大久保一臂之力，并答应进京。

在上述谈判中，西乡提议"建立亲兵部队"。于是，1871 年（明治四年）2 月 8 日，在萨摩、长州、土佐藩的允诺下，西乡、大久保、木户孝允、山县有朋、板垣退助等人在东京会晤，最终通过了"建立御亲兵"的决议。同月 13 日，朝廷下旨，命令萨摩、长州及土佐三藩拨出部分军力，整编为御亲兵。

该举措使得维新政府第一次拥有了属于自己的武装力量。这支大约 7000 人的"亲兵部队"，使日本正式迈出了成为"明治近代国家"的第一步。

力推废藩置县

在戊辰战争中收获胜利后，为了正式充实行政管理权，维新政府于1869年（明治二年）6月17日毅然推行"版籍奉还"的政策。所谓"版籍奉还"，即把原本隶属于各藩的土地和人民纳入中央政府的管辖之下。

按照该政策，原先的藩主改名为知藩事（也称藩知事），但可以继续对自己的领地实施统治。由此可见，"版籍奉还"可谓"换汤不换药"，维新政府依然被各藩架空。政府希望以"阶段性"的方式改变藩政体制，从而逐步加强中央集权，但当时支配土地和人民的仍旧是知藩事。

通过倒幕战争、王政复古和版籍奉还，维新政府旨在建立一个以天皇为核心的君主立宪制国家，无奈各藩手握军事、征税等实权，导致改革迟迟无法推进。而要想真正让日本摆脱封建体制，就必须"废藩"。

随着废藩的必要性日益凸显，大久保利通决定借西乡隆盛和木户孝允之力，一同推进废藩置县的政策。前面讲道，西乡于1871年（明治四年）4月应邀进京，然后促成了萨、长、土的"三藩献兵"，从而组建了御亲兵部队，即维新政府军。有了自己的武装力量，政府便开始真正施行废藩置县了。

该政策起初在萨、长两藩悄悄试行，进而扩大至土佐藩、佐贺藩。

1871年（明治四年）7月9日，7名萨长两藩的要员（西乡隆盛、大久保、西乡从道、大山严、木户、井上馨、山县有朋）齐聚木户宅邸，制定了废藩置县的草案。

会谈并非一帆风顺，与会者各执己见、反复讨论，在讨论完所有问题后，西乡说道："议论已尽，纵有反对，然日本若不改革，则无未来可言。废藩置县，乃救国之策，如施行有变，我愿全盘负责。"此话一出，在场之人全都沉默。

于是，同年7月14日，西乡、木户、板垣退助、大隈重信作为"萨、长、土、肥"四藩的代表，进入了政府参议院。也就在同一天，明治天皇召集在京的各知藩事，下达了废藩置县的诏书。至此，日本的各大小藩成为历史，取而代之的是"三府七十二县"的行政划分。在中央政府"保障俸禄与贵族身份"的承诺之下,各知藩事交出了对各藩的统治权,并全部移居至东京。

东京、京都、大阪这三大城市受德川幕府直接管辖,遂改名为"府"。府由"府知事"管理,而县由"县令"管理。两者都是维新政府直接任命的官僚。通过这样的"废藩置县"的举措,原先百姓向藩主交纳的年贡便成了中央的财政收入,从而奠定了维新政府的经济基础。

但凡事皆有两面,废藩置县这一重大改革直接损害了武士阶级的利益——他们失去了俸禄,成了社会的"弃儿"。这让西乡非常苦恼。

即便如此,西乡依然全力推行改革。早在1858年(安政五年),为了拥戴一桥庆喜继任将军之位,其受藩主齐彬之命,与各强藩藩主及家臣建立关系、商讨计策,再到后来长达五年多的远岛囚禁生活,直至活跃在改革日本的历史舞台,他心中对"体制变革"的信念从未动摇。

从萨摩藩内的藩政改革,到维新后的两院制议会以及萨、长、土的"三藩献兵",虽然西乡的具体手段有所变化,但其最高目标却始终清晰，即"实现君主立宪"。为了达成该目标，他废除了横亘在天皇与国民之间的幕府及各藩。

"废藩置县"为日本打下了迈向中央集权国家的基础。而西乡作为"体制变革者"的角色，也就此画上了休止符。

岩仓使节团与西乡留守政府

在完成废藩置县后，新政府决定派一批要员前往海外考察学习。岩仓具视被任命为使节团正使，木户孝允、大久保利通、伊藤博文等人被任命为使节团副使，而一批政府首脑也随团同行，再加上留学生，整个使节团人数多达107人。当时的中江兆民（中江兆民是日本明治时代有名的政治家和思想家。——译者注）也是留学生中的一员。

该使节团的发起人是大隈重信，起初只计划派出一个小规模的视察团，可在不知不觉中，人数一增再增，最终突破百人。从1871年（明治四年）11月起，直至1873年（明治六年）9月，"岩仓使节团"遍访美国及欧洲各国。

前面提到，由于将近一半的政府首脑也随团同行，日本国内的诸多事务不得不陷入停滞。随之产生的问题只能硬塞给留守的内阁处理。

在"留守代管"的主旨下，该政府组织被称为"留守政府"。其以太政大臣三条实美为牵头人，西乡隆盛、井上馨、大隈重信、板垣退助等人则担任参议。此外，为了弥补政治影响力的不足，留守政府还请到了后藤象二郎、江藤新平、大木乔任，从而壮大了参议团队。

在岩仓使节团出发前，各省（省指行政院）大辅级别以上的高官缔结了《大臣·参议·大辅盟约》。其第六条规定"留守期间，不进行重大改革"；而其第七条又规定"关于废藩置县之遗留问题，应予以迅速处理"。换言之，该盟约既是给留守政府的"操作手册"，也是防止留守政府失控的"纪律规定"。

再说回岩仓使节团，其一行人搭乘美国太平洋邮船公司的蒸汽船"亚美利加号"，从横滨港出发，驶过太平洋，到达旧金山，然后穿过美国大陆，访问华盛顿特区，一行人在美国逗留了八个月之久。

结束美国之行后，岩仓使节团又坐船驶过大西洋，遍访欧洲各国。1872 年（明治五年）8 月，一行人到达英国利物浦，接着先后考察了伦敦、布莱顿和朴次茅斯海军基地等，还谒见了维多利亚女王。考察的目的很明确——了解世界领先的工业发达国家，并将所见所学用于日本的富国强兵政策。

整趟欧洲之行历时半年多，足迹遍布十二个国家。其中，使节团在英国逗留了四个月，在法国逗留了两个月，在比利时、荷兰、德国分别逗留了三周，在俄国逗留了两周……回日本时，一行人从地中海出发，途经苏伊士运河和红海，沿途考察了位于亚洲的——锡兰、新加坡、西贡、香港和上海等几个欧洲强国的殖民地。

此次海外考察的主旨除了"友好亲善""学习西方"外，还有一个政治目的——为与各国修订条约打下基础。在旧幕府执政时期，其与各国缔结了诸多条约，为了让各国与新政府续签或修订条约，从明治元年起，新政府便一直在循序渐进地开展多方面的交涉，而岩仓使节团的海外考察无疑是其重要的一环。

到了 1872 年（明治五年）7 月，日本与欧美十五国的友好条约相继到期，新政府打算趁着续签友好条约的机会，改动或废除之前与列强签订的不平等条约。但西方各国却以"日本尚未建立近代化的法律制度"为由，驳回了新政府的要求。

另一方面，使节团出发后，留守政府在"不进行重大改革"的前提下，依然在权力范围内积极理政，实施了一系列"接地气"的小规模改革，包括制定学制、发布征兵令、改革地租、采用太阳历、完善司法制度、禁止迫害基督教信徒等。但在积极出台改革措施的同时，留守政府成员围绕"是否出兵韩国"争论不休。该论争在历史上被称为"征韩论"，其为使节团回国后的政局埋下了隐患。

再说回 1872 年（明治五年）3 月，当时的岩仓使节团还在访美，而纵观日本国内，御亲兵已被取消，取而代之的是近卫兵。同年，身为长州人的近卫都督山县有朋拥护改革，着力推进"秩禄处分"（即废除华族和士族的俸禄和赏赐。——译者注）与"国民征兵制"（即面向全体国民的征兵制，其与日本封建时期的武士阶级特权相抵触。——译者注）。此举遭到了萨摩近卫兵的反对，且反对日益激烈，最终几乎要升级为叛乱。

有此情况后，当时正陪同明治天皇"西国巡幸"（巡幸指君王外出视察。——译者注）的西乡，便代任山县有朋的近卫都督一职，镇压了萨摩近卫兵的骚乱。同年 7 月，身为"参议兼近卫都督"的西乡晋升为陆军元帅。到了 1873 年

（明治六年）5月，由于官制改革取消了元帅军阶，因此他又转任陆军大将。

由此可见，所谓留守政府，实际上成了"西乡独执牛耳"之政府。而岩仓使节团也对西乡十分放心，相信他的威信和魄力能够镇住御亲兵对政府的抗议，也能够杜绝失去地位的各藩揭竿而起。

前面提到"国民征兵制"，其于1873年（明治六年）出台。随着该制度的实施，"军队士族"这一掌握武装力量的封建阶级便不复存在，取而代之的是近代国家普遍采用的"平民军人"。虽说改革是历史趋势，但西乡亦不忍眼睁睁看着士族走向没落，因此他当时一直在苦苦思索补偿之策。为了平息士族阶层的不满，他毅然扛下领导之位，不惜背负责任和骂名。换言之，在岩仓使节团访欧期间，纵有多大的痛苦和委屈，西乡都只能独自默默承受。

征韩论对决

征韩论在日本历史上十分重要，其可谓激化新政府内部权斗的导火索。其矛盾核心是"激进"与"求稳"。前者的代表是主张"富国强兵"的大久保利通，后者的代表是旨在保护近卫兵（尤其是旧萨摩藩兵）基本权益的西乡隆盛。前面提到，由于旧萨摩藩兵直接听命于西乡，因此士兵们都倾向于找他诉苦。

不少历史学家都把西乡视为强推征韩论的主战派，认为他支持以武力手段逼迫当时的朝鲜开国，想必不少读者也曾读过类似的故事。但事实是，西乡并非征韩论的支持者。

要说主张征韩的"急先锋"，则非板垣退助莫属。他当时手握近卫兵中对旧土佐藩兵的指挥权。与之相对，负责指挥旧萨摩藩兵的西乡反而在努力压制板垣的好战思想。与板垣不同，他反对出兵威胁，打算亲自以"访韩使节"的身份前往朝鲜，劝说对方开国通商。

大部分日本人之所以会把西乡与征韩论画等号，其根源在于板垣。西乡死后，板垣为了在"自由民权运动"（自由民权运动是明治时代发生的一场社会运动，该运动的诉求包括减免地租、保障言论自由、保障集会自由等。——译者注）中获得支持，不断散布"西乡主张征韩"的言论，使后人信以为真。

再说回征韩论的背景基础。新政府在取得戊辰战争的胜利后，明治维新得以实现，而官军也逐步演变为近卫兵。这支近卫兵当时摩拳擦掌、跃跃欲试，希望投入新的战争之中。话虽如此，其所期待的并非全面性的大战，而是局部地区的战争。

对于欧美列强，近卫兵是敬而远之的，因为他们知道这好比以卵击石。在萨英战争中，短短三日之内，萨摩军便一败涂地。对于近卫兵当中的旧萨摩藩兵而言，这种恐怖的体验也仅仅是十年之前的事。

征韩论的引子，则要从1868年（明治元年）说起。那一年，维新政府向朝鲜递送国书，请求闭关锁国的朝鲜开国通商。之后，日本方面又数次派使节劝谏，但都遭到朝鲜方面的拒绝。

对此，西乡提议道："不为开战，仅为遣朝使耳。我愿任全权大使，赴朝说之。若遭谋杀，则为征韩之口实。"他的本意是以全权大使的身份访朝，从而抑制支持征韩的急先锋——板垣的舆论影响。

再看岩仓使节团方面，对于朝鲜问题，其给予留守政府的指示是"炮舰外交"。该指示虽然模棱两可，但总算为内阁提供了商议派人出使朝鲜的可能性。前面说过，西乡对征韩并无甚兴趣，但他十分关注近卫兵的出路和权益，因此也深知无法一并推翻所有战争提议。无奈之下，他不得不姑且先讨论对朝问题，也就是所谓的征韩论。

1873 年（明治六年）6 月，留守内阁主张任命西乡为访朝全权大使。该提议获得太政大臣三条实美的首肯，因此得以进入"阁议"的决定性流程。但其实三条可谓言不由衷，他心中对西乡访朝甚为反对，但又不敢得罪西乡及其麾下的旧萨摩藩兵，所以才无奈同意。

终于，走完所有流程，向天皇上奏报批，不料天皇却下旨道："（此事）待岩仓具视归国后再议。"换言之，西乡访朝一事只能推后了。

同年 9 月，岩仓使节团到达横滨，在听闻留守政府的决定后，全使节团成员（此时的他们也被称为"外游组"）一致反对征韩。他们的理由是"派遣大使恐有招致战争之虞，当前之要务乃内治，而非外战"。

于是，外游组和留守内阁决定共同商讨该问题。可双方一坐下开会，西乡与大久保便剑拔弩张、互不相让。西乡强调道："已决之事（访朝），岂能变动。"而大久保也毫不示弱地回应道："兹事体大，仅留守内阁决定，有违既定之约。"

在矛盾如此激烈的混乱状态下，心中反对西乡访朝的三条承受不住巨大的压力，进而病倒，于是由岩仓暂时代任太政大臣。身为"征韩派"的四名参议（板垣退助、后藤象二郎、江藤新平、副岛种臣）催促岩仓向天皇上奏征韩请愿书，可岩仓却断然拒绝，而且将西乡的访朝计划也一并否决。

此举导致谈判决裂，西乡提出申请，辞去担任的所有职务。而板垣退助、后藤象二郎、江藤新平、副岛种臣四人也随之提交辞呈。不仅如此，大量支持西乡的官僚和军人（包括桐野利秋）也相继请辞，总人数竟达六百多人。这场起于征韩论的政治纷争，后来被定性为"明治六年之政变"。

这些下野的参议，后来成了抵抗政府的核心人物。而他们心中集聚的不满，也成了日后频发的士族抗争与自由民权运动的火种。

话说辞官回乡的那六百多名萨摩人，在回到萨摩后，他们建立了以西乡为核心的组织——"私学校"。该组织原本的主旨是"平复"和"消化"萨摩士族的不满情绪，可最终却成了起义爆发的导火索。

县令支持创设学校

在许多日本历史学家看来，西乡隆盛在"征韩论争"中失利而下野，于是与新政府陷入紧张关系，最终激化为对立，导致1877年（明治十年）西南战争的爆发，但事实绝非如此。

在西乡及其支持者请辞下野后的第五个月，大久保利通和岩仓具视以"阁议"的方式通过了"出兵台湾"的计划。两人之前以"内治优先"为由反对征韩论，而此时却同意"外战"，难道说在短短四个月内，他们就完成了"内治大业"了吗？

令人意外的是，这看似不合常理的决定，竟然获得了西乡的支持。毕竟当时的台湾是清王朝的领土，若出兵台湾，恐怕会导致日清战争的爆发。

但西乡却全面支持出兵台湾，他还从旧近卫兵和萨摩士族中招募了300多名"义勇兵"，与政府军共赴战场。不仅如此，强烈主张出兵台湾的桐野利秋也曾是西乡的左膀右臂，再加上弟弟西乡从道还是"台湾征讨军"的都督，这些都是西乡支持攻台的原因。

虽说西乡已辞去参议和近卫都督的官职，但其在政府内的"萨摩系军人"心中依然威望甚高。万一动武台湾导致日清战争爆发，那么西乡便是不可或缺的角色。如果问谁有资格担任对清战争的最高指挥，那他绝对是不二人选。

1874 年（明治七年）2 月，发生了日本历史上知名的"佐贺之乱"（曾任参议的江藤新平带领 2000 多名旧佐贺藩士，在佐贺发起了反对新政府的运动，但该运动立刻遭到大久保的镇压，领头分子也被处刑，新政府称该运动为"佐贺之乱"。——译者注），虽说旧萨摩藩士没有群起响应，但归乡的旧近卫兵和士族大都无事可做，有的整日酗酒、到处惹事，成了一个巨大的社会问题。

为此，旧近卫兵中的涉谷精一等人向西乡提出建议，希望能为他们办一所学校。同年 6 月，西乡便在旧鹿儿岛城（鹤丸城）内设立了私学校（赏典学校）和吉野开垦社，招生对象是非役军人和县内士族。

先说私学校，其分为"枪队学校"和"炮队学校"两部分，前者招收了大约 600 名旧近卫步兵，后者招收了大约 200 名旧萨摩藩炮兵。除军事训练外，学校还教授汉学等文化课。在学校创设初期，只有原来的城下士族才有资格入学。

虽然名为"私学校"，但其实鹿儿岛县在为其调拨预算，因此它实质上是一所公立学校。后来，该学校还在鹿儿岛县内设立了分校。

前面提到，该学校又被称为"赏典学校"，这是因为该学校的启动资金来自多人的俸禄和赏典——包括西乡的 2000 石、大山纲良县令的 800 石、桐野利秋的 200 石以及大久保的 1800 石赏典禄（戊辰战争中的战功奖赏）。赏典学校不仅教汉学，还聘请外教，开设英语和法语课。

再说吉野开垦社，1875 年（明治八年）同月，西乡亲自创立了"吉野开垦社"，并招收了 150 名原陆军教导团（下士官学校）的学生。这些学生白天开垦原野，晚上则听课学习。

至于西乡自己，回到故乡后，他便过起了"归田隐居"的生活。除了亲自挥锄开垦，他还在白鸟、日当山等温泉胜地泡澡疗养。此外，他还遛狗、打猎……但清闲的日子并不长久，得知他归乡的消息，许多人便从各地前来拜访。

比如庄内藩的前藩主酒井忠笃，从 1875 年（明治八年）11 月至次年 3 月，他一直待在萨摩，随同的还有以"实习兵学"为由而逗留的 70 余名藩士。其间，酒井命人将西乡所说的话记录下来，并整理成语录，这便是日后有名的《南洲翁遗训》一书。

再说回征韩论，那些在朝野中支持该论调的参议们原本抱着"转移矛盾"的思想，即通过在海外发动局部战争，来缓解国内士族由于失去既得利益而日渐膨胀的不满情绪。可随着"征韩派"参议们的下野，这股不满就愈演愈烈。

就在如此剑拔弩张的环境下，爆发了前面提到的"佐贺之乱"。该事件的起因是佐贺的"忧国党"所发动的武装起义，为了劝说这些不满的士族，"征韩党"的代表江藤新平和"忧国党"的代表岛义勇赶往佐贺。可结果非但没能压制起义，而且连他们自己都加入了起义队伍。

对于武装起义，江藤等人之所以从"制止"转变为"参与"，是由于心怀"星星之火可以燎原"的信心。换言之，他们认为，一旦佐贺起义，其他各地的不满士族亦会群起响应。可由于佐贺的"中立派"士族们纷纷投靠政府军，因此即便在旧佐贺藩内，该计划也未能实现。

面对"佐贺之乱"，朝廷将兵权交与身为文官的大久保。在他的指挥下，新政府迅速应对，到了3月1日，"佐贺之乱"便彻底平息。

而在该"动乱"平息之前，岛津久光曾命令西乡率兵镇压，西乡却没有听命；另一方面，江藤也曾离开战场，一路赶到萨摩，请求西乡一同起义，西乡也毅然不为所动。后来，江藤计划前往东京，却在高知县被擒获。

佐贺之乱虽然得以平息，但两年半后，即1876年（明治九年）10月，在熊本又发生了神风连（神风连是由旧肥厚藩士族太田黑伴雄等人发起的组织，他们自称为"敬神党"，"神风连"是反对派对他们的戏称。——译者注）袭击镇台部队（镇台部队是1871年设立的日本陆军编制，属于继"御亲兵"之后的中央部队。——译者注）的事件，史称"神风连之乱"。在该事件的影响下，对新政府心怀不满的各地势力纷纷起义，继而发生了"秋月之乱"以及长州的前原一诚所领导的"荻之乱"。"秋月之乱"和"荻之乱"的势力都期待西乡的加盟，但西乡都予以拒绝，因为他既不愿参与武装叛乱，也不想与新政府为敌。

但这并不意味着西乡还支持新政府。1875 年（明治八年）9 月，政府亲手炮制了"江华岛事件"（江华岛事件是一起发生在朝鲜江华岛的武装冲突事件，日本海军舰艇以补充淡水为由，在江华岛一带打探朝方海防虚实，朝方开炮警告后，日方军舰全面开火进攻，最终登陆并洗劫了当地村落。事后，两国签订了《江华条约》，朝鲜被迫开国。——译者注），从而以武力逼迫朝鲜开国通商。在得知该消息后，西乡非常愤慨，对于新政府"弃义强要"的行为，他深深感到不齿和失望。

西乡"私学党"血洒西南战争

1877 年（明治十年）1 月，新政府要臣大久保利通耍了一个手段。他放出消息，说政府计划把位于鹿儿岛军火库中的最先进装备（包括史奈德步枪和子弹）转移至大阪。

获得该消息的私学校学生大受打击。在桐野利秋的指挥下，他们袭击了鹿儿岛军火库，夺取了其中的武器。可他们发现，军火库中只有旧式的恩菲尔德步枪和子弹。换言之，他们完全中了大久保的计。

鹿儿岛军火库归新政府管辖，因此他们的袭击行为属于叛国造反。当时身在小根占村的西乡听闻此事，大叫"不好"，并急忙赶往鹿儿岛，在私学校开会讨论对策。席间，大家意见纷纷。而桐野则说道："唯'断'一字也"，并当场宣布全面出兵起义。

同年 2 月 9 日，萨摩军的"头号部队"率先向熊本方向进发。新政府得知该消息后，立即下达《征讨鹿儿岛县逆徒的诏书》，西南战争由此爆发。

2 月 22 日，萨摩军包围了熊本城，一场耗时长达 52 天的攻城战至此打响。身为萨摩军指挥的桐野，原先就担任过熊本镇台部队的司令，可谓具备"知己知彼"的先天优势。可即便如此，在激烈的总攻之下，他却依然无法拿下熊本城。此时，攻城的萨摩军有 14000 人，而坚守熊本城的镇台部队只有大约 4000 人。

面对僵局，萨摩军方召开会议，商讨对策，最终决定暂停对熊本城的强袭，在围城的同时，派一支别动队进攻小仓。次日，萨摩军的一支小队便向小仓进发，可中途却转至战况激烈的田原地区，使得力量分散。最终只有一部分小队士兵奔赴小仓。更为不妙的是，萨摩军的精锐力量在攻城战中被拖得日渐疲惫，战况也陷入了胶着状态。

再说回田原战场，萨摩军努力控制着其中的"要冲之地"——田原坂，并将它变成了阵地。萨摩军试图伺机而动，迎击政府军；而政府军则计划正面突破。双方都无退意，导致田原坂战况惨烈，激战一直持续了 17 天。之后，政府军还派出了包括旧会津士族在内的"警视厅拔刀队"，等于对萨摩军发起了总攻。在前所未有的猛烈炮击下，萨摩军不得不节节败退。

政府军在取得田原坂战场的胜利后，还成功支援了熊本城的镇台部队，并进一步加强了对萨摩军的攻势。与之相对，萨摩军的气势则日渐衰退，失败的局面越来越难以挽回。

之后，萨摩军转至三州（即萨摩、大隅、日向），采取"盘踞之策"。同年 4 月 27 日，萨摩军在人吉（今熊本县人吉市一带）设立大本营，计划打一场长期防卫战。可政府军没多久便开始攻打人吉，萨摩军虽拼命抵抗，但人吉还是在短时间内陷落。此时，西乡已有战败的觉悟，因此对周围人说道："我应料理身后事。"

败走人吉后，萨摩军又将大本营设在了宫崎，并在当地实施军政。为了补给资金，部队还向平民发行"西乡札"（日语"札"是纸币之意，西乡札即为军票。——译者注），试图扭转颓势。可依然好景不长，7 月，在政府军的攻击下，宫崎陷落。萨摩军不得不撤到和田峠地区。在和田峠，西乡宣布亲自担任阵前总指挥，等于是做好了死于沙场的准备。

在政府军势如破竹的攻势下，宫崎亦失守。被逼到绝境的西乡下达了"解军令",遣散了大部分士兵,只留下了一支精锐部队。这支可谓"死士联盟"的萨摩军,突破了政府军控制的可爱岳,一路赶回了鹿儿岛。

回到鹿儿岛后,这支萨摩军占领了私学校,驻扎在城山,以备最后一战。与此同时,政府军兵力壮大,不断挺进,不但驱逐了城山周边的萨摩军,还对城山形成了包围态势。再看此时的萨摩军,其只剩下区区350多人。西乡下达《城山决死之檄》,将自己的"决死之意"告知全军。

云蒸霞蔚的锦江湾,前方遥见轮廓嶙峋的樱岛山影。当时,从城山远望这一景色的西乡,想必心中对日本的国运前途忧虑重重。

最后一战在9月24日凌晨4时打响,政府军对萨摩军发起了总攻。数小时后,西乡在城山岩崎谷被敌方的子弹击中。见大势已去,他便命令身边的别府晋介充当"介错人"(日本武士切腹自尽时,介错人是负责砍下其首级的人。——译者注)。西乡整好衣襟,遥向东方礼拜后,便切腹自杀。

见证西乡切腹自尽的桐野和村田等人再度突击,却也被敌军的枪弹击倒,继而挥刀自尽。当日上午9点左右,枪声戛然而止，西南战争终告结束。在整场战争中，萨摩士兵合计战死 6400 余人，政府军士兵合计战死 6840 余人。

西乡生于幕末的萨摩藩，后来成为德川幕府眼中的"叛逆者"。这位"叛逆者"最终成为推翻幕府的主导力量，也成了明治维新的首要功臣和英雄。可十年之后，他又成了明治新政府眼中的"头号叛逆者"，并背着这样的恶名离开人世。

西乡隆盛的精神火炬

明治维新 150 周年与西乡逝世 140 周年的意义

当时的人如何看待"西乡之死"?

前面讲过，1877年（明治十年）2月，西南战争爆发。西乡率领的部队离开鹿儿岛，向着东京一路进发。他的目的并非讨伐新政府，而是迫使新政府重拾大义。

当时的报纸并未对西南战争做出客观真实的报道。原因很明显——新政府故意隐瞒消息、掩盖真相，其结果导致"小道消息"四起。同年2月初，社会上盛传"萨摩士族造反"的消息，其大致内容是"对新政府不满的萨摩士族夺取了樱岛对岸的弹药工厂"，但当时所有的报纸都对此缄口不言。

此外，萨摩内部也流言纷纷，不少人相信西乡的心腹桐野利秋将有"大动作"——其麾下的改革派势力日渐增强，且计划"建立民选议院，让平民拥有与华族相同的权利"。

2月10日后，有关西南战争的报道才见诸报端。10日，各大报纸口径一致，报道内容无怪乎"鹿儿岛'私学校帮'

策划暴动"。至于关键内容，则无报纸敢提及，原因很简单——"流言、谣言"是不能写成报道的。假如这么做，报社的相关负责人就会被警察叫去"写悔过书"，严重的还会陷入牢狱之灾，被拘留一到两个月。

到了 2 月 25 日，政府才正式发布公告，宣布剥夺西乡、桐野及筱原国干等人的官位，并将他们定性为"叛逆者"。但又过了两天，该公文才正式在报纸上登载，从而为国民所知。

当初，政府想一直封锁有关西南战争的消息，并计划在国民得知西乡亦参与其中之前，将这场"叛乱"镇压下去。在政府看来，依靠政府军的新装备，西乡的部队很快会被击溃。

可实际情况并非如此，镇压耗费了整整七个月。西乡的部队之所以能够坚持这么长时间，一是由于九州地区的许多农民支持西乡，农民当时对新政府的不满可见一斑；二是新政府有所顾虑，不敢投入太多力量用于镇压，生怕在兵力空虚时，各地的士族纷纷起义。

当时，有个人对西南战争的形势做了冷静的分析。在西南战争爆发的那年，他刚好迈入而立之年。此人便是被称为"东洋卢梭"的中江兆民。他是一位思想家，属于当时日渐活跃的"自由民权派"。

兆民生于土佐藩的"足轻家庭"（足轻是最底层的武士阶级。——译者注）。他曾在长崎与海援队的坂本龙马谈笑风生，这成了他一辈子引以为傲的谈资，他时不时感叹"天下竟有如此有趣之人（指坂本龙马）"。而当西南战争的"谣言"四处流传时，他便开始每天泡在"报纸茶馆"里。

当时报纸卖得很贵，买报读报属于较为奢侈的信息收集方式。而"报纸茶馆"因此得以流行，不用付多少钱，人们便可以坐下一边喝茶，一边阅读茶馆提供的报纸。兆民在茶馆里一边搜寻报纸上有关西南战争的报道，一边认真倾听周围茶客的"流言蜚语"和"小道消息"。

当时，许多人心中都有一个疑惑不解的问题。

众所周知，西乡是"维新三杰"（木户孝允、西乡隆盛、大久保利通并称"维新三杰"）之一，是不少民众心中典型的忠臣代表。这样一位忠义之士，为何会成为发动西南战争的主谋呢？

经过分析，兆民对此得出的结论是"教育民众"。换言之，在兆民看来，忠义且不迷恋权力的西乡之所以自愿充当"叛乱主谋"，是为了改变民众的意识。

通过对新政府的反抗和抵抗，他向人们揭示了近代国家的国民权利之一——"抵抗权"，而这是新政府最害怕的敏感地带。前面提到，兆民曾随岩仓使节团出行，并在途中留学法国。在留法学习期间，他学到了"抵抗权"的概念。

因征韩论而下野的西乡回到萨摩后，发现阔别十载的故乡已经变得十分凋敝。受新政府袒护的政商疯狂牟取利益，使得地方经济的滋养被汲取殆尽。此情此景，让西乡感到千斤重担在身。

注视着死气沉沉的鹿儿岛，想到受苦受难的人民，西乡心中势必萌生了"与新政府对决"的念头，但这种"对决"并非武力层面的概念。

西乡之所以在归乡后兴建私学校、培养士官，是为了不让当时被称为"日本最强"的旧萨摩士族误入歧途。西乡的目标是"非暴力对决"，即培养日本人的民主意识，进而迫使新政府设立国会，使日本成为真正意义上的近代文明国家。

前面提到，在众多"谣言"之中，有一条是"对新政府不满的萨摩士族要求设立民选议院"，该消息其实是真实的。一般认为，对新政府不满的萨摩士族属于典型的保守派，他们应该不会站出来为平民争取权利，可事实并非如此。兆民认为，通过对新政府的抵抗运动，原先主张复古的萨摩保守派发生了自动自觉的蜕变。

1877 年（明治十年）9 月 24 日，西乡背着"反贼"之名自绝于城山。在看到报纸上的相关报道后，兆民感叹道："此乃无奈之举。西乡其人，必尽知败局已定，然其犹愤然而起。"换言之，西乡早就预见到了自己会战败，但即便背负"反贼"的恶名，他仍然选择奋起反抗。在兆民看来，这是因为西乡领悟到了"抵抗的意义"。

作为自由民权派的代表人物，兆民一直高度评价西乡的抵抗行为。

那段时期，兆民在日记中写道："更强大之科技，更开化之文明，并不意味着更自由。真正之自由，取决于人民之自我觉醒。即不靠他人、不被支配、独立自主生活之精神。"

通过这段日记内容可以看出，虽然主张"自由民权"的兆民与西乡的思想立场截然不同，但西乡的《南洲翁遗训》却已在其心中"生根发芽"。在西乡死后，兆民的"战斗"才刚刚正式开始。

明治维新 150 周年与西乡逝世 140 周年

2018 年（平成三十年）正好距离 1868 年（明治元年）整整 150 年。对日本人而言，"明治维新"可谓历史上的辉煌篇章。毕竟其使日本在当时成为亚洲唯一的近代化国家。

然而，该辉煌历史却以太平洋战争的惨败而收尾。自"维新"以来，日本所经营和积累的一切近代化文明的珍贵成果，都随着战败而付之一炬。

为何辉煌的"维新"会以"战败"而终结？这是需要我们以史为鉴的地方。

前面说道，2018 年（平成三十年）正值明治维新 150 周年。为了这值得纪念的年份，日本政府决定举行相关活动。首先是搜集与明治时代有关的文献和照片等资料，并把它们加工为数字化内容；其次是命令各省厅（行政机关）发掘先前湮没在明治历史中的人物。

其实，这种由政府发起的明治维新庆典并非首次。早在1968年（昭和四十三年），在当时的"佐藤荣作内阁"的主导下，日本政府举办了"明治百年纪念"活动。如今，通过当时的报纸刊物，能够发现一些批评纪念活动"过于复古"的文章。但即便如此，当时对于"明治百年纪念"的官方论调依然有其先进的一面——政府提到了"应谦虚反省过去所犯的错误"。

再看2018年的"明治维新150周年纪念"，对于过去的错误，政府只字未提。虽说未到司马辽太郎的《坂上之云》（司马辽太郎，1923年出生，是日本著名历史小说家。其所著的《坂上之云》描写了日俄战争，该小说浓墨重彩地描绘了日本当时学习西方且不断变强的过程。——译者注）那种赞美程度，但也是一味强调日本实现近代化的伟大足迹，使纪念活动完全沉浸在"歌功颂德"的气氛之中。

明治维新的确废除了江户时代的"身份阶级制"，实现了"四民平等"，让人民拥有了择业等自由，给予了人民更多的人生可能性。但与此同时，在"富国强兵"的旗号下，明治维新也夺去了无数人的生命，无论在日本国内还是国外，都有许多人的人权遭到侵害。

可当今的日本政府却对这段"黑历史"视而不见，甚至抛弃了明治百年纪念时"谦虚反省"的态度，只知一味讴歌"学习明治精神，实现再次飞跃"。这完全是一种"只谈功绩，回避错误"的鸵鸟哲学。明治维新的辉煌部分固然重要，但如果一味回避其阴暗部分，便是一种对历史不予正视的表现。

前面已经提过，2018 年（平成三十年）是明治维新 150 周年。而 2017 年（平成二十九年）则是西乡逝世 140 周年。西乡可谓死得惨烈，其在西南战争中沦为"贼军之首"，并在战斗中身负枪弹，最终切腹自杀。

希望各位读者也能想象一下，西乡当时究竟是以何种心情充当"贼军之首"的？又是以何种心情与不满于新政府所作所为的萨摩士族共赴沙场的？

在倒幕战争中，江户城实现了"无血开城"，但"明治维新"依然导致了许多年轻人的流血牺牲。不管牺牲的是官军士兵还是"佐幕派"（佐幕即支持幕府之意。——译者注）武士，在之后到来的明治时代，他们的家人又该如何生活下去呢？

明治维新所带来的所谓"文明开化"，其实最初只属于一部分上流阶层。在新政府内部，那些维新功臣身居要职，其亲戚和熟人则依靠"裙带关系"而得到重用。

目睹这一切的西乡，心中势必会想——"明治维新者，岂非光明正大之政耶？"

纵观当时的社会风气，也充斥着欲望和自私。西乡对此嗟叹道："莫非此乃历经苦难、战胜而得之国耶？莫非此乃吾辈追求之政治、社会……"

西乡一直重视"大义"与"正义"。可惜的是，在西南战争期间，他自身讲述"大义"与"正义"的语录资料未有留存。因此我们每个人都应该站在西乡的角度，试着思索与体会他对"大义"与"正义"的解读。

现代的日本人需要认真、真诚地正视与思考"大义"与"正义"的含义和意义。

唯有做到这点，才能以史为鉴，真正地纪念明治维新150周年。

人民东方出版传媒
东方出版社

《活法》

风靡全球
畅销十年
企业家首选心灵读本

完美呈现稻盛和夫在人生与经营之中，如何判断怎么取舍

一套书连接起
你与日本"经营之圣"

（经典珍藏版 全6册）

《活法》：风靡全球，畅销十余年，国内销量超过370万。找寻生存之道的力量之书。稻盛和夫围绕"人为什么活着"这一根本问题，思考为人的活法。

《活法贰：成功激情》：稻盛哲学实践论。稻盛和夫用成功改造美国大型公司AVX的经验，分享稻盛哲学在外国企业落地的成功经验。

《活法叁：人生的王道》：稻盛和夫以自己的人生导师西乡隆盛的遗训为本，分享对他很有帮助"过正确生活所需的人格"，助您迈向人生的王道。

《活法肆：人生与经营的法则》：全面披露稻盛和夫的心路历程，讲述人生的四种境界。

《活法伍：成功与失败的法则》：浓缩17条成功与失败的经验，精确解读成功背后的原理原则。

《活法青少年版：你的梦想一定能实现》：写给全世界青少年的一本书。用亲身经历告诉年轻人如何实现自己的人生梦想。

《稻盛和夫的实学》

全球畅销经典企业管理书籍
日本"经营之圣"的经营实学

经典珍藏版 全5册

教您

学正确经营　度美好人生

《稻盛和夫的实学：经营与会计》：稻盛和夫从"经营者到底应该具备怎么样的思维方式""企业经营的原理原则究竟是什么？"这两个经营哲学问题入手，详解在经营企业时，一点一滴亲手摸索出来的经营原理原则。

《稻盛和夫的实学：创造高收益》：实现高收益是所有企业家的梦想。在本书中，稻盛和夫向各行各业怀有诚挚之心想要学习企业经营的人士传授如何实现有效经营，且创造高于10%的企业利润率。

《稻盛和夫的实学：经营三十四问》：稻盛在创办京瓷、KDDI及经营的过程中，碰到过很多难题。他不断正面迎接问题，并一一设法解决。除此之外，也反复自问，经营者应有的风范是什么？稻盛和夫基于自己的经历，回答了34个企业经营者的共性问题。

《稻盛和夫的实学：活用人才》：本书从盛和塾课堂上的众多问答中选取任何组织的领导者都会遇到的、与培养人才和组织活性化相关的内容结集构成。书中的解答都是稻盛和夫在创办和经营京瓷与KDDI的过程中，对那些曾让稻盛和夫陷入烦恼的、与如何激发员工和组织活力有关的问题所做的思考和认识。

《稻盛和夫的实学：阿米巴模式》：阿米巴经营以各个阿米巴的领导为核心。为此，要求阿米巴领导必须具备正确的判断基准，自行制订各自的计划，并依靠全体成员的智慧和努力来完成目标。通过这种做法，让第一线的每一位员工都能成为主角，主动参与经营，进而实现"全员参与经营"。